AF260096

LA
GRAMMAIRE LATINE

DE

M. GEORGES ÉDON

ET

LA QUARANTIÈME ÉDITION

DE LA

GRAMMAIRE LATINE

DE

M. DELTOUR

SAINT-CLOUD

IMPRIMERIE DE Mᵐᵉ Vᵉ EUGÈNE BELIN

RUE DU CALVAIRE Nº 3

—

JUILLET 1879

LA

GRAMMAIRE LATINE DE M. G. ÉDON

ET

LA QUARANTIÈME ÉDITION

DE LA

GRAMMAIRE LATINE DE M. DELTOUR

LA
GRAMMAIRE LATINE

DE

M. GEORGES ÉDON

ET

LA QUARANTIÈME ÉDITION

DE LA

GRAMMAIRE LATINE

DE

M. DELTOUR

SAINT-CLOUD

IMPRIMERIE DE Mᵐᵉ Vᵉ EUGÈNE BELIN

RUE DU CALVAIRE Nº 3

—

JUILLET 1879

PRÉFACE

« La faveur dont la grammaire latine de M. Deltour est honorée depuis plus d'un quart de siècle, » les trente-neuf éditions qu'une clientèle nombreuse a épuisées, la certitude d'un succès croissant, tout faisait supposer que l'auteur était satisfait de son ouvrage. Et cependant, depuis une dizaine d'années, quelques personnes savaient que cette satisfaction n'était pas sans mélange : il s'y joignait un désir de faire mieux, qui remontait au mois de mai 1868.

A cette époque, la grammaire latine de M. Édon venait de paraître.

MM. Delalain frères, éditeurs de M. Deltour, virent avec déplaisir cette publication nouvelle. Ils s'en plaignirent à M. Eugène Belin, comme des gens qu'on aurait dévalisés.

M. Édon eût volontiers attendu sa justification du public ; mais sa grammaire était encore presque inconnue : elle ne pouvait donc se défendre elle-même. Il dut se rendre chez MM. Delalain, prit connaissance de leurs griefs, et démontra facilement l'injustice de leurs accusations.

Plus tard, il se demanda si, en le chargeant d'un crime supposé, on n'avait pas voulu se ménager l'apparence d'un droit de représailles.

En effet, dès l'année 1869, un des passages les plus saillants, les plus personnels de l'ouvrage de M. Édon se glissait dans les notes du livre de M. Deltour. Une fois commencé, ce mouvement d'assimilation ne s'arrêta plus.

Que pouvait faire M. Édon ? — Se plaindre ? — Il y songea. Il songea aussi à se taire. Aussi bien les deux ouvrages étaient encore très différents : l'un corrigeait Lhomond dans le texte, l'autre le rectifiait dans les notes ; — celui-ci imitait Villemeureux, celui-là ne procédait que de lui-même. Il n'était pas jusqu'au style qui ne présentât des différences essentielles. Ici, nulle préoccupation de l'unité : au haut des pages Lhomond parlait une langue ; au bas, son éditeur en parlait une autre. — Là, au contraire, l'unité de rédaction et de méthode était rigoureusement observée : partout où le correcteur modifiait Lhomond, il imitait fidèlement ses expressions, ses tournures et ses formules.

Ces considérations déterminèrent M. Edon à ne pas sortir de sa réserve. Et pourtant, il y avait imprudence à se taire, car, en fait d'empiétements, le silence encourage, s'il n'autorise pas.

C'est une vérité que M. Édon put reconnaître, au mois de septembre 1878.

A cette date, M. Deltour publiait sa quarantième édition. *Était-ce bien la quarantième édition de son ancien ouvrage ? N'était-ce pas plutôt la première d'un livre nouveau ?* En effet, jusqu'à sa vingt-troisième édition, inclusivement, M. Deltour avait maintenu le texte de Lhomond presque intact. A partir de la vingt-quatrième, en août 1868, trois mois après la publication du livre de M. Édon, il avait résolu de se montrer plus hardi ; et sa grammaire recevait chaque année quelques modifications de détail, mais le fond restait toujours le même. — Au mois de septembre 1878, ce fut une métamorphose complète : la forme et le fond, tout fut changé. Le livre fut entièrement refondu, et l'on usa, pour cette refonte, du moule et des matériaux de M. Édon.

Ainsi, M. Deltour avait publié trente-neuf éditions de sa grammaire avant de lui donner sa rédaction, sa disposition définitive. Et il faudrait croire, sur la foi de sa dernière préface, que cette transformation radicale était décidée depuis longtemps ? A ce compte, M. Deltour aurait réfléchi vingt-sept ans pour découvrir les deux ou trois cents passages de son livre qui exigeaient de sérieuses retouches ; pendant « plus d'un quart de siècle » il aurait soupçonné que sa méthode de correction était défectueuse, et avant d'arriver à une conviction, il aurait passé par vingt-sept années d'incertitudes !

La vérité, c'est que M. Deltour se demanda, en 1868, si le plan suivi par M. Édon n'était pas préférable au sien, et que, avant de l'adopter purement et simplement, il attendit le jugement du public.

C'était, en effet, une entreprise assez hasardeuse qu'avait tentée M. Édon, en corrigeant Lhomond dans le texte même. Porter la main sur la formule consacrée de Lhomond, c'était, aux yeux de quelques personnes, se préparer un échec lamentable. — A un autre point de vue, réunir tout un ensemble de théories inédites, de faits grammaticaux inconnus, directement étudiés dans les auteurs latins ou extraits de publications allemandes non traduites, et introduire ces nouveautés dans un cadre démodé, c'était, disait-on, perdre son temps et sa peine : les maîtres que la méthode empirique de Lhomond ne satisfaisait pas rejetteraient un ouvrage où cette méthode était religieusement conservée ; les fidèles du vieux rudiment accueilleraient mal un correcteur qui, à chaque ligne, en modifiait quelque détail.

Ces prédictions alarmantes ne se sont pas accomplies d'une manière absolue ; et il paraît que l'ouvrage de M. Édon a obtenu un certain succès, puisqu'on vient le lui disputer aujourd'hui.

M. Édon doit-il encore se taire ? Le peut-il ? Il ne le croit pas.

Si M. Édon garde le silence, M. Deltour, avec sa notoriété et les quarante, cinquante ou soixante éditions de son livre, sera un jour armé contre lui de tous les emprunts qu'il lui a faits. Et que lui opposera M. Édon ? L'amoindrissement de son succès, le petit nombre de ses éditions, son obscurité !

On aura oublié que *la quarantième édition publiée en 1878 par M. Deltour est l'édition première d'un second ouvrage*, et que *ce livre est postérieur de dix ans à celui de M. Édon*. Et, quand on comparera les deux grammaires, si l'on apprend par les préfaces que l'une date de 1851 et l'autre de 1868, n'est-ce pas de cette dernière que l'on dira : « C'est l'œuvre d'un plagiaire » ?

Mais laissons-là cette considération qu'on pourrait taxer d'hypothèse, et voyons la question dans ce qu'elle a d'actuel, d'immédiat, de manifeste, de flagrant. M. Édon, grâce à des modifications de toute espèce, résultat de ses recherches et de son expérience journalière, en est venu à faire de la grammaire de Lhomond un travail, sinon original, du moins personnel.

M. Deltour, éditeur de la même grammaire, s'est approprié ce travail, d'abord par des imitations timides et partielles, et, en dernier lieu, par une reproduction directe, systématique et générale, et cela, bien entendu, sans avoir jamais mentionné la publication qui lui avait servi à la révision progressive, et finalement au complet remaniement de son livre. Comme c'est son droit et son devoir, M. Édon proteste énergiquement contre un pareil procédé : aux dénégations de M. Deltour, il oppose une série de faits patents, de preuves irrécusables. Ces preuves, il les soumet en toute confiance à l'appréciation de ses collègues.

Qu'ils lisent et qu'ils jugent.

ÉDON	DELTOUR (40ᵉ édition)

1.   p. 5. §9.

Tous les noms en *um* sont du neutre. Il en est de même des trois noms suivants, dont le nominatif, le vocatif et l'accusatif sont en *us*, et qui n'ont pas de pluriel : Pelagus, pelagi, *la mer*. Vulgus, vulgi, *le vulgaire*. Virus, *le venin* (ce dernier est usité seulement aux cas en *us*).

p. 9. note 2.

..... Trois noms neutres de la deuxième déclinaison ont la terminaison *us* au nominatif, à l'accusatif et au vocatif : *pelagus, i,* la mer ; *virus, i,* le poison (usité seulement aux cas en *us*), et *vulgus, i,* le vulgaire. ... Ces trois mots sont inusités au pluriel.

2.   p. 9. §14. — p. 88. §147.

Gén. Cornûs (*rarement* Cornu)... Ainsi se déclinent : Genu, genûs, *le genou*. Veru, verûs, *la broche*... Gelu, *la gelée*, n'a pas de pluriel. — Sur *tonitru*, le tonnerre, voy. §147. Le nominatif *tonitru* (le tonnerre) est une invention des grammairiens. Voici comment ce mot doit se décliner : Singulier (moins usité que le pluriel)............

p. 14.

Gén. Cornûs... (et, mis en note, au bas de la page) : Le génitif *cornu* se rencontre mais très-rarement. Ainsi se déclinent : Gelu, ûs, *la gelée*, (pas de pluriel) ; Genu, ûs, *le genou* ; Veru, ûs, *la broche* ; (et, mis en note, au bas de la page :) *Tonitru* (neutre) ne se trouve pas. Le pluriel *tonitrua* surtout est fréquent.

3.   p. 17. §31.

De soi ; de lui-même, d'elle-même ; d'eux-mêmes, d'elles-mêmes. A soi ; à lui-même, à elle-même ; à eux-mêmes, à elles-mêmes. Se, soi ; lui-même, elle-même ; eux-mêmes ; elles-mêmes. De soi, de lui-même, d'elle-même ; d'eux-mêmes, d'elles-mêmes.

p. 25. §33.

De soi, de lui-même, d'elle-même, d'eux-mêmes ou d'elles-mêmes. A soi, à lui-même, à elle-même ; à eux-mêmes, à elles-mêmes. Se, soi, lui-même, elle-même, eux-mêmes, elles-mêmes. De soi, de lui-même, d'elle-même, d'eux-mêmes, d'elles-mêmes.

4.   p. 23.

1ʳᵉ Remarque. Les neutres *quoddam, quodlibet, quodvis* ne peuvent s'employer qu'avec un nom auquel ils se rapportent, et par conséquent sont toujours adjectifs. Au contraire *quiddam, quidlibet, quidvis* sont toujours pronoms, et équivalent à *quædam res*............ Édon (1ʳᵉ édition, mai 1868).

p. 31.

Remarque. Les neutres *quoddam, quodlibet, quodvis* sont des adjectifs et doivent toujours être accompagnés d'un nom ; les neutres *quiddam, quidlibet, quidvis* sont des pronoms et s'emploient toujours seuls. Deltour (40ᵉ édition, sept. 1878).

5.   p. 27. §48.

Unumquodque, unumquidque.

p. 34. §54.

Unumquodque et unumquidque.

6.   p. 31. §57.

On appelle *verbes actifs* ceux qui expriment une action faite par le sujet sur un autre objet. .....*Alexandre vainquit Darius*.... Cependant si je dis : *Darius fut vaincu par Alexandre*, le verbe n'exprime plus cette fois une action faite par le sujet, mais une action reçue, soufferte par lui... On dit alors que le verbe est passif............ Tous les verbes actifs s'emploient à la voix active et à la voix passive.

p. 41. §63.

Les verbes actifs expriment une action faite par le sujet sur une autre personne ou sur une autre chose. *Les Romains ont détruit Carthage.* Les verbes actifs ont toujours un passif, qui exprime que l'action est subie par le sujet : *Carthage a été détruite par les Romains.*

DELTOUR (AVANT LA 40ᵉ ÉDITION)	**Appréciations**
p. 6. § 9. Rien.	Emprunté à M. Edon, et cela sans grande réflexion, puisque M. Deltour écrit : *Virus, i*, usité seulement aux cas en *us*. Il commence par donner le génitif *i*, et dit ensuite que les cas en *us* sont les seuls usités !
p. 10. § 14. Gén. Cornu. . . Ainsi se déclinent Genu, *le genou*; Tonitru, *le tonnerre*.	Même remarque sur cornûs. — Même liste de noms. — Même observation sur le nominatif *tonitru*, et sur le pluriel de ce nom. (M. Edon, est le premier grammairien, qui ait donné avec précision la déclinaison du mot *tonitruum*.)
p. 21. § 30. De soi, de lui-même, d'eux-mêmes ou d'elles-mêmes. A soi, à lui-même, à eux-mêmes, à elles-mêmes. Se, soi, lui-même, eux-mêmes, elles-mêmes. De soi, d'eux-mêmes, d'elles-mêmes.	L'ancienne liste étant incomplète, celle de M. Edon a été retranscrite purement et simplement dans la 40ᵉ édition de M. Deltour.
p. 27. note 3. *Quiddam* est toujours pronom : il veut dire *une certaine chose*; mais *quoddam* est adjectif et ne peut s'employer seul. Deltour (20ᵉ édition, 1866). *Quiddam* est toujours employé comme substantif; il veut dire *une certaine chose*; mais *quoddam* est adjectif et ne peut s'employer seul. Deltour (24ᵉ édition, 1868). *Quiddam* s'emploie toujours seul; il veut dire *une certaine chose*; mais *quoddam* est adjectif, et *doit toujours être accompagné d'un nom*. Deltour (25ᵉ édition, 1869).	On voit les incertitudes de M. Deltour sur la qualité de *quiddam*. Il l'avait, avec raison, appelé *pronom* en 1866; il se corrige et le nomme *substantif* en 1868; il ne sait plus quel nom lui donner en 1869; il lui rend la qualification de *pronom* en 1878; et complète toute sa remarque à l'imitation de celle de M. Edon.
p. 30. § 50. Unumquodque.	Addition de *unumquidque*.
p. 38. § 59. On appelle *verbes actifs* ceux qui sont terminés en *o*, et qui ont un passif. en note. Le *verbe actif* est celui dont le sujet fait l'action, et le *passif* celui dont le sujet est soumis à l'action exprimée par le verbe.	Même définition du verbe actif. L'exemple du passif est, comme chez M. Edon, l'exemple de l'actif retourné. Observations sur les verbes passifs imitées. (Comparez les deux éditions de M. Deltour.)

	ÉDON		**DELTOUR (40° édition)**
7.	p. 31. § 57, fin.	La première personne du singulier du présent de l'indicatif, à la voix active est terminée en *o*, et à la voix passive, en *or*.	p. 41. §. 64. La première personne du singulier de l'indicatif présent est toujours terminée en *o* dans les verbes actifs, et en *or*, dans les verbes passifs.
8.	p. 34. § 60. p. 35. p. 36. § 61. p. 37.	Impératif *Monĕ*. Subjonctif imparfait *Monērem*... Infinitif présent *Monēre*. Indicatif présent *Legĭs* *Legĭmus* *Legĭtis*. Impératif présent *Legĕ* *Legĭte*. Impératif futur *Legĭto* *Legĭtote*. Subjonctif imparfait *Legĕrem*... Infinitif présent *Legĕre*.	p. 46. p. 47. p. 48. § 68. p. 50. Impératif *Monĕ*. Subjonctif imparfait *Monērem*. Infinitif présent *Monēre*. Indicatif présent *Legĭs* *Legĭmus* *Legĭtis*. Impératif *Legĕ* *Legĭte* *Legĭto*. Subjonctif imparfait *Legĕrem*. Infinitif présent *Legĕre*.
9.		Indication de certaines quantités pour *accipio*, *audio*, et les verbes passifs.	Mêmes indications de quantités pour *accipio*, *audio*, et les Verbes passifs.
10.	p. 45. § 72.	Il y a quatre conjugaisons passives, que l'on reconnaît à la terminaison de l'infinitif présent et à celle de la 2ᵉ personne du singulier du présent de l'indicatif : *ari*, *eri*, *i*, *iri*. *aris*, *ēris*, *ĕris*, *iris*.	p. 63. § 79. Il y a quatre conjugaisons passives... que l'on distingue... par la terminaison de l'infinitif présent et par celle de la deuxième personne du singulier de l'indicatif présent : *ari*, *aris* ; *ĕri*, *ĕris* ; *i*, *ĕris* ; *iri*, *īris*.
11.	p. 52 et 53.	Addition de la conjugaison d'*accipior*, omise par Lhomond.	p. 74; 75, etc. Addition de la conjugaison d'*accipior*.
12.	p. 58. § 82.	Déplacement du chapitre des verbes neutres, mis par M. Édon avant les verbes déponents. — Lhomond les avait rejetés après les verbes déponents.	p. 83. § 89. Le chapitre des Verbes neutres est mis *avant* les Verbes déponents.
13.	p. 58. § 82.	On appelle verbes neutres ceux qui expriment l'action ou l'état du sujet, sans pouvoir prendre de régime direct.	p. 83. § 89. On appelle Verbes neutres... ceux qui expriment un état du sujet ou une action......, c'est-à-dire ceux qui n'ont pas de régime direct.
14.	p. 59. § 83.	Certains verbes, actifs en français, sont neutres en latin, comme *favoriser*, *satisfaire*, *étudier*, en latin *favēre*, *satisfacĕre*, *studēre*.	p. 83. § 89. Certains Verbes sont neutres dans une langue et ne le sont pas dans l'autre. Ainsi *favere*, *satisfacere*, *studere*, favoriser, satisfaire, étudier, neutres en latin, sont actifs en français.

DELTOUR (AVANT LA 40ᵉ ÉDITION)	**Appréciations**
p. 28. Rien.	Copié.

p. 43, Aucun signe de quantité.
44,
45,
46,
47,
48,
49.

En marquant d'un signe de quantité certaines terminaisons, M. Edon a voulu distinguer les terminaisons communes à deux conjugaisons (2ᵉ et 3ᵉ ; — 3ᵉ et 4ᵉ), celles-là et pas d'autres.

M. Deltour l'a imité sans réfléchir, sans comprendre ; car il a marqué souvent d'un signe de quantité des terminaisons particulières à une seule conjugaison. Son plan n'étant pas, comme on peut le voir, de marquer la quantité partout, il fallait ne pas mettre la quantité sur les formes : *monēto, monēri, monēte, monētote, audīre* (inf.), *monētor, audīre* (imp.), *audīri, pollicētor, pollicēri, blandīre, blandīrer, blandīri*, il fallait au contraire marquer les quantités sur les formes *legitote, accipe, accipito, accipitote, accipite, acciperem, accipere, audito, audite, auditote*.

p. 50, etc.   Aucun signe de quantité.

M. Edon a commis deux erreurs : il a marqué d'un signe de quantité la 2ᵉ personne de l'indicatif passif de la 4ᵉ conjug., et il a oublié de distinguer par une brève et une longue les participes, etc., de la 2ᵉ et de la 4ᵉ conjug. (*ĭtus, ītus*). — M. Deltour imite ces deux erreurs.

p. 60.
§ 71. On forme le verbe passif en ajoutant *r* à l'actif. . . . .
. . . .

Emprunt manifeste. Le paragraphe est littéralement reproduit, sauf un mot. Les quantités sont indiquées aussi, mais d'une façon peu réfléchie. Il n'y en avait que deux à marquer : *ēris, ĕris* ; il n'en fallait pas sur *ēri, īri, īris*, à moins d'en mettre aussi sur *ari, aris, i*.

Ces fautes, à elles seules, prouvent que ce paragraphe n'est pas le résultat d'un travail personnel.

p. 71.   *Accipior* manque.

Imitation. Inutile d'insister.

p. 91.
§ 86. Le chapitre des Verbes neutres est placé *après* les Verbes déponents.

M. Edon a déplacé le chapitre des verbes neutres, qu'il aurait mieux valu laisser à la suite des verbes déponents. Voici la raison de ce déplacement : M. Edon ne pouvait commencer ses tableaux des verbes déponents que sur le verso (p. 60). Le recto de ce feuillet (p. 59) restait en blanc : il y a mis la règle des verbes neutres. Cette disposition nouvelle n'était nullement imposée à M. Deltour, qui n'a pas fait de tableaux. Pourquoi l'a-t-il empruntée à M. Edon ?

p. 91.
§ 86. Rien de cette définition.

Emprunt manifeste.

p. 91.
§ 86, en note. Certains verbes sont neutres dans une langue et ne le sont pas dans l'autre ; ainsi *faveo*, je favorise, qui est neutre en latin, est actif en français.

Il y avait bien d'autres verbes à citer que ceux donnés par M. Edon. Pourquoi M. Deltour s'est-il rencontré exactement avec M. Edon sur ce point ? — Dans son ancienne note, il avait dit : *faveo*, je favorise ; il dit aujourd'hui *favere*, favoriser, comme M. Edon.

	ÉDON		DELTOUR (40ᵉ édition)
15.	p. 59. § 85.	On les appelle *déponents* parce qu'ils ont déposé la forme active qu'ils avaient primitivement.	p. 83. § 90.	Ils sont ainsi appelés parce qu'ils ont déposé la forme active, qu'ils avaient primitivement.
16.	p. 59. § 85.	Parmi les Verbes déponents, les uns ont le sens actif, les autres ont le sens neutre. Ceux dont le sens est actif ont le Participe en *dus* et le Supin en *u* avec la signification passive.	p. 84.	Parmi les Verbes déponents, les uns ont le sens actif…, les autres ont le sens neutre… Les Verbes déponents à sens actif ont le Participe futur en *dus* et le Supin en *u* avec le sens passif.
17.	p. 58. § 81.	Addition à cet endroit de la règle *mœrore conficior*.	p. 83. § 88.	Addition à cet endroit de la règle *mœrore conficior*.
18.	p. 65. 2ᵉ rem.	Le neutre *morior* fait au Participe passé *mortuus*, au Participe futur *moriturus*, et n'a pas de Supin.	p. 91. note 1.	*Morior*, je meurs, dont le sens est neutre, n'a pas de Supin ; il fait au Participe passé *mortuus*, et au Participe futur *moriturus*.
19.	p. 65. 1ʳᵉ rem.	*Utor*, malgré son sens neutre, a le Supin en *u* et le Participe en *dus*. *Fungor* a également le Participe *fungendus*, dont on doit s'acquitter.	p. 94. note 1.	… Le Verbe *utor*, malgré son sens neutre, a le Participe futur en *dus* et le Supin en *u*. On trouve aussi *fungendus*, dont on doit s'acquitter, de *fungor*…..
20.	p. 67.	Participe passé, *blanditus*… (mis dans la conjugaison).	p. 96.	Participe passé actif, *blanditus* (mis dans la conjugaison).
21.	p. 67. remarq.	….. Le Participe futur passif….. ainsi que le Supin en *u* manque au Verbe *blandior*, parce que c'est un Verbe neutre.	p. 97. note 1.	Pas de Participe futur passif ni de Supin en *u*, parce que *blandior* est neutre.
22.	p. 69. § 93.	*En*, avec le Participe présent, veut le verbe latin au Gérondif en *do*, quand il exprime une action qui est la cause d'une autre….. *En*, avec le Participe présent, s'exprime en latin par le Participe présent, quand il exprime seulement une action qui se fait en même temps qu'une autre…..	p. 99. § 98.	*En*, avec le participe présent, veut le verbe latin au gérondif en *do*, quand il indique une action qui est la cause ou le moyen de l'autre. Mais *en*, avec le participe présent, veut aussi le Verbe au participe présent, lorsqu'il exprime une action qui se fait en même temps que la première…
23.	p. 70. § 99. 2°	Num (en tête de la phrase)? Ne (après le premier mot)? *est-ce que?* Utrum…. an…? *est-ce que…, ou bien est-ce que…..? —* Nonne? *est-ce que… ne… pas…?*	p. 100. § 103.	Num (en tête de la phrase), ne (après le premier mot), *est-ce que?* Nonne, *est-ce que… ne pas?* Utrum… an, *est-ce que…? ou bien est-ce que?*

DELTOUR (AVANT LA 40ᵉ ÉDITION)	**Appréciations**
p. 77. note 1. Ils sont ainsi appelés parce qu'ils déposent soit les formes actives, soit le sens passif.	Copié littéralement. — Si l'ancienne rédaction était de Lhomond, M. Deltour pourrait expliquer sa correction. Mais cette définition était de M. Deltour lui-même. Pourquoi n'a-t-il pas donné tout d'abord la rédaction qu'il adopte aujourd'hui, — après M. Edon ?
p. 77. note 1. Ils ont aussi le participe futur en *dus* et le supin en *u*, avec le sens passif..... Parmi les verbes déponents, les uns sont actifs..., les autres sont neutres... Les verbes déponents neutres n'ont pas de participe futur en *dus*....	L'ancienne rédaction n'est pas de Lhomond, mais de M. Deltour. C'est à sa 40ᵉ édition qu'il s'aperçoit qu'elle peut être modifiée ! — Et il se rencontre *par hasard* avec M. Edon ?
p. 76. § 78. La règle *mœrore conficior* manque.	N'est-ce pas un emprunt manifeste ?
p. 86. Cette remarque est absente.	!!!
p. 78. au bas. Les verbes déponents neutres n'ont pas de participe en *dus*, sauf quelques exceptions comme *utendus*, dont on doit se servir.....	Presque littéralement copié.
p. 89. (M. Deltour n'a pas mis, dans la conjugaison, le participe passé *blanditus*. Il a imprimé, au bas de la page, la note suivante) : Le participe passé *blanditus* est rarement employé.	M. Deltour ne peut pas dire qu'il avait maintenu la suppression de *blanditus*, parce qu'il était de son plan de conserver autant que possible l'œuvre de Lhomond. Dans son ancienne grammaire, il avait donné en note la raison de cette suppression. — Depuis, il a changé d'avis.
p. 89. Pas de participe futur passif parce que *blandior* est neutre. M. Deltour a donné dans la conjugaison le Supin *blanditu*.	M. Edon, ici encore, a converti, sans le vouloir, M. Deltour, lequel a reconnu que *blanditu* était un barbarisme.
p. 92. § 88. *En*, avec le participe présent, veut le verbe latin au gérondif en *do*... .... en note. On emploie le gérondif lorsqu'on veut exprimer qu'une chose se fait par le moyen d'une autre...... Mais cette phrase : Il se promène *en* lisant, devra se traduire ainsi : Ambulat *legens*, parce que la promenade n'est pas la conséquence de la lecture.	La rédaction ancienne n'était pas des plus précises. Mais elle pouvait être conservée. M. Deltour, ayant, depuis, trouvé mieux, a modifié sa règle ; et il a compris, par l'exemple de M. Edon, qu'une observation de cette importance ne devait pas être reléguée dans une note.
p. 94. 2° An ? Anne ? Num ? est-ce que ? (*et rien de plus !*)	Sauf un déplacement, c'est copié mot à mot. Remarquez que M. Edon a innové sur ce point. Tous les auteurs, avant lui, disaient : *Ne*, après un mot ; *enim*, après un mot ; *autem*, après un mot, etc., etc. Il a trouvé que cette indication n'était pas assez précise ; il a corrigé partout ainsi : *Ne*, après le premier mot, etc. Sauf dans un endroit, M. Deltour lui a emprunté cette rédaction nouvelle.

	ÉDON		DELTOUR (40ᵉ édition)
24.	p. 71.	(Trois paragraphes ont été ajoutés à Lhomond) : Pour marquer la quantité... Pour marquer le rang, le nombre... Pour marquer le lieu... (Un paragraphe de Lhomond a été retranché : Pour exhorter...)	p. 101.	(Trois paragraphes ont été ajoutés à Lhomond) : Pour marquer le lieu... Pour marquer la quantité... Pour marquer le nombre et le rang... (Un paragraphe de Lhomond a été retranché : Pour exhorter...).
25.	p. 74. § 111.	... Un Verbe qui marque le repos, le séjour dans quelque endroit, ou le mouvement dans un lieu sans sortir de ce lieu.	p. 105. § 115.	... Un Verbe qui marque le repos ou le mouvement dans un lieu d'où l'on ne sort pas.
26.	p. 75. § 115.	Num, ne, utrùm, an, *si* (entre deux Verbes). — *Ne*, dans ce sens, se met le second mot du membre de phrase.	p. 106.	Nùm, utrùm, an, ne, *si* (entre deux verbes). *Ne* se place après le premier mot du membre de phrase.
27.	p. 75. § 114.	*Verò* et *autem* se mettent après le premier mot. *Enim* se met après le premier mot.	p. 106.	*Autem* et *verò* se mettent après le premier mot de la phrase ou du membre de phrase. *Enim* se met après le premier mot de la phrase ou du membre de phrase.
28.	p. 77. rem.	... Et surtout ceux d'art et de science.	p. 109. § 121.	... Et tous ceux qui désignent une science, un art.
29.	p. 77. § 120.	... Qui font... à l'Accusatif *en* et quelquefois *am*. Le Vocatif et l'Ablatif sont en *e* ou en *a*. Acc. Cometen *ou* Cometam, Voc. o Comete *ou* Cometa, Abl. Comete *ou* Cometâ.	p. 109. § 122.	..... Qui font..... à l'accusatif *en* où *am*; au vocatif *e* ou *a*; à l'ablatif *e* ou *â*. Acc. Cometen, am, Voc. o Comete, a, Abl. Comete, â.
30.	p. 77.	... Ont l'accusatif en *an* et mieux en *am*, dans la prose.	p. 109. note 1.	L'accusatif en *am* est plus usité chez les écrivains en prose.
31.	p. 78. § 123.	Déclinez de même : *genius* (sorte de dieu).	p. 110. § 124.	Déclinez de même *genius*, le génie (dieu de la famille).
32.	p. 80. rem.	Le Génitif en *eos*, le Datif en *ei*, l'Accusatif en *ea*, sont rares en prose.	p. 111. § 126.	Les formes *eos*, *ei*, *ea*, ne se rencontrent fréquemment que chez les poètes.
33.	p. 79. § 127.	Acc. Orpheum (ou Orphea.)	p. 111. § 126.	Orpheum, Orphea.

DELTOUR (AVANT LA 40ᵉ ÉDITION)	**Appréciations**
p. 95. Les paragraphes pour marquer le lieu, la quantité, le nombre et le rang manquent. (Le paragraphe de Lhomond : Pour exhorter, est conservé.)	Emprunt manifeste. Dans le paragraphe intitulé : Pour marquer le nombre et le rang, M. Deltour a cité comme M. Edon neuf adverbes. Sur ces neuf adverbes, huit ont été empruntés à M. Edon (en intervertissant l'ordre).
p. 99. § 99. ..... un verbe de repos.	Imitation manifeste.
p. 101. An, num, utrùm, ne, *ne* (*Ne* se met après un mot).	Que voulait dire, dans l'ancienne rédaction, ce *ne* français ajouté à Lhomond et maintenu dans toutes les anciennes éditions de M. Deltour ? — Mais M. Deltour a corrigé sa faute, complété, amélioré ce passage d'après M. Edon.
p. 100. *Autem* et *verò* ne se mettent qu'après un mot. *Enim* ne se met qu'après un mot.	Comme on le faisait remarquer au nᵒ **23**, M. Deltour a emprunté à M. Edon sa rédaction nouvelle. Il est plus long que M. Edon ; il est entré dans des développements peu utiles, et qui dissimulent imparfaitement ses emprunts.
p. 104. § 105. Rien de semblable. .	Transposer les mots qu'on trouve bons à prendre dans la grammaire de M. Edon est un procédé qui se rencontre fréquemment dans le livre nouveau de M. Deltour.
p. 106. ..... qui font..... à l'accusatif *en*. Acc. Cometen, Voc. o Comete, Abl. Cometé.	M. Deltour a complété et amélioré ce passage..... (Comparer ses deux grammaires, et voir ensuite celle de M. Edon.)
p. 105. note 1. Ils font aussi *am*, suivant la déclinaison latine.	M. Deltour, dans sa nouvelle note, a écrit : *Chez les écrivains en prose*, quand M. Edon avait mis : *Dans la prose*. Cela suffit-il pour prouver que cette remarque appartient bien à M. Deltour ?
p. 106. § 109. Déclinez de même *genius*.	Cette correction a bien peu d'importance par elle-même ; mais, ajoutée à tant d'autres, ne démontre-t-elle pas que M. Deltour lisait M. Edon la plume à la main ?
p. 107. § 111. Cette remarque ne se trouve pas.	Emprunt manifeste, malgré le changement de quelques mots à la fin de la phrase.
p. 107. § 111. Acc. Orpheum, Orpheon, Orphea.	*Orpheon* n'a disparu qu'à la 40ᵉ édition.

	ÉDON	**DELTOUR (40ᵉ édition)**

34. — p. 80. § 128.

ÉDON — Déclinez de même : 1° les noms communs *amussis*, f., cordeau; *buris*, f., manche de charrue; *cannabis*, f., chanvre; *cucumis*, m., concombre; *ravis*, m., enrouement; *sinapis*, f., moutarde; *sitis*, f., soif; *tussis*, f., toux;
2° *Liger*, m., la Loire; *Arar* ou *Araris*, m., la Saône; et les noms de fleuves en *is*, *is*, comme *Tiberis*, m., le Tibre;
3° Les noms de villes en *is*, *is*, comme *Neapolis*, f., Naples.

DELTOUR — p. 112. § 127. — Déclinez de même : *Amussis*, f., la règle, cordeau; *buris*, f., manche de charrue; *cannabis*, f., chanvre; *sinapis*, f., moutarde; f., *sitis*, soif; *tussis*, f., toux; *vis*, f., force, etc.
Liger, m., la Loire : *Arar* ou *Araris*, m., la Saône; les noms de fleuves en *is* : *Tiberis*, m., le Tibre; *Albis*, m., l'Elbe;
et les noms de villes en *is*, comme *Hispalis*, Séville, *Neapolis*, Naples.

---

35. — p. 80. § 129.

ÉDON — Les noms *febris*, f., la fièvre; *pelvis*, f., le bassin; *puppis*, f., la poupe; *restis*, f., le câble; *turris*, f., la tour, ont l'Accusatif en *im* plutôt qu'en *em*.
Au contraire, *clavis*, f., la clef; *messis*, f., la moisson; *navis*, f., le navire; *sementis*, f., les semailles; *strigilis*, f., l'étrille, font l'Accusatif en *em* plutôt qu'en *im*.

DELTOUR — p. 112. § 127. — Les noms *febris*, f., la fièvre; *pelvis*, f., le bassin; *puppis*, f., la poupe; *restis*, f., la corde; *turris*, f., la tour, font plutôt leur accusatif en *im* qu'en *em*.
Au contraire, *clavis*, f., la clef; *messis*, f., la moisson; *navis*, f., le navire; *sementis*, f., la semaille; *strigilis*, f., l'étrille, font plutôt leur accusatif en *em* qu'en *im*.

---

36. — p. 81. § 131.

ÉDON — Les noms qui ont l'Accusatif en *im* plutôt qu'en *em* font l'Ablatif en *i* plutôt qu'en *e*; ainsi l'on dit mieux *febri* que *febre*, etc. Mais *restis* fait toujours *reste*.
Au contraire, ceux qui ont l'Accusatif en *em* plutôt qu'en *im*, font l'Ablatif en *e* plutôt qu'en *i*. . . . . . .

DELTOUR — p. 112. § 128. — Les noms qui ont l'accusatif en *im* plutôt qu'en *em* font l'ablatif en *i* plutôt qu'en *e*. Ceux qui ont l'accusatif en *em* plutôt qu'en *im* font de préférence l'ablatif en *e*. Cependant *restis* fait toujours *reste*.

---

37. — p. 81. § 131. rem.

ÉDON — Quelques noms qui ont toujours l'Accusatif en *em*, ont cependant l'Ablatif en *e* et en *i*, comme. . . . . . .
Mais. . . . l'Ablatif en *e* est le plus usité (1).
(1) Cependant *avis*, signifiant *auspices*, *présage*, fait presque toujours *avi*; *fustis* fait *fusti* dans le sens de *bastonnade*.

DELTOUR — p. 112. au bas. — Quelques noms dont l'accusatif est toujours en *em* ont aussi l'ablatif en *e* et en *i*. La forme en *e* est plus usitée, sauf dans certains cas particuliers.
Ainsi *avis*, signifiant présage, fait presque toujours *avi*; *fustis*, bâton, fait *fusti* dans le sens de *bastonnade*.

---

38. — p. 82. § 136.

ÉDON — Les Noms imparisyllabiques, c'est-à-dire qui ont une syllabe de plus au Génitif singulier qu'au Nominatif, ont le Génitif pluriel en *um*, comme nous l'avons déjà dit au § 10.
Excepté. . . . . tous les imparisyllabiques où la terminaison du Génitif est précédée de deux consonnes, comme : *mons*, *montium*. . ., *cohors*, *cohortium*, etc.
Cependant les Noms grecs où la terminaison du Génitif est précédée de *nc*, *ng*, *nt*, ont le Génitif pluriel en *um*, comme... *sphynx*, *sphyngum*, f., sphynx; *gigas*, *gigantum*, m., géant.

DELTOUR — p. 113. § 130. — Nous avons vu (§ 10) que les noms imparisyllabiques, c'est-à-dire qui ont une syllabe de plus au génitif singulier qu'au nominatif ont le génitif pluriel en *um*.
Nous avons excepté déjà ceux où la terminaison du génitif est précédée de deux consonnes, comme *cohors*, *cohortium*, *mons*, *montium*, etc.
Seuls dans cette catégorie, quelques noms d'origine grecque comme *gigas*, *gigantis*, le géant, *sphynx*, *sphyngis*, le sphynx, font le génitif, pluriel en *um*.

DELTOUR (AVANT LA 40ᵉ ÉDITION)	**Appréciations**
p. 107. § 112. Déclinez de même *sitis*, f., la soif; *tussis*, f., la toux; *pelvis*, f., un bassin; *vis*, f., la force, et les suivants: *amussis*, f., cordeau; *buris*, f., manche de charrue; *decussis* et *centussis*, f., pièce de dix as et de cent as; *ravis*, f., enrouement. — Les noms de fleuves en *is*, comme *Tiberis*, m., le Tibre, *Tigris*, m., le Tigre; *Araris*, m., la Saône.	Ces listes de noms, consciencieusement faites, demandent de longues et laborieuses vérifications. Sur les quatorze noms ou formes de noms qui composent la liste nouvelle de M. Deltour, cinq ont été empruntés à M. Edon: *Cannabis*, *sinapis*, *Liger*, *Arar*, *Neapolis*. En outre, trois noms, qui se trouvaient dans les anciennes éditions de M. Deltour, ont été supprimés dans la nouvelle: *pelvis*, *decussis*, *centussis*. (Ces trois mots n'avaient pas été inscrits dans la liste de M. Edon.) — Voyez ci-après.
p. 108. Les noms *clavis*, f., la clef; *sementis*, f., les semailles, ont l'accusatif en *em* ou en *im*. *Puppis*, f., la poupe; *aqualis*, f., l'aiguière; *restis*, f., la corde; *febris*, f., la fièvre; *turris*, f., la tour, font plutôt à l'accusatif *puppim* que *puppem*, etc. Au contraire, *navis*, f., le navire; *strigilis*, l'étrille, f., font plutôt *navem* que *navim*, etc.	*Pelvis*, supprimé par M. Deltour dans la liste précédente (§ 127 de la 40ᵉ édition), a été replacé ici, à l'imitation de M. Edon. Du reste, comparez ensemble les deux éditions de M. Deltour, et ensuite sa 40ᵉ édition avec la grammaire M. Edon, vous verrez d'un côté de grandes modifications, de l'autre une liste copiée textuellement. Le seul changement est celui-ci, répété deux fois: *ont plutôt l'accusatif.....; font plutôt leur accusatif.....*, au lieu de: *ont l'accusatif... plutôt; font l'accusatif... plutôt.*
p. 108. Néant.	Passage copié presque textuellement.
Néant.	Copié presque textuellement.
p. 109. Néant.	Tout ce passage est copié presque textuellement.

		ÉDON		**DELTOUR (40° édition)**

39. — p. 82. § 136.

ÉDON :
Excepté...
Les huit monosyllabes suivants, où la terminaison du Génitif est précédée d'une seule consonne.
Crus, crurium, n., jambe.
Glis, glirium, m., loir.
Lis, litium, f., procès.
Mas, marium, m., mâle.
Mus, murium, m., rat.
Nix, nivium, f., neige.
Vis, virium, f., force.
Strix, strigium, f., hibou.
(Les autres monosyllabes où la terminaison du Génitif est précédée d'une seule consonne, suivent la règle générale : *dux,* m., le général, fait *ducum; vox,* f., la voix, fait *vocum,* etc...)

DELTOUR : — p. 114. § 130.
Il faut excepter...
Les monosyllabes suivants, quoique la terminaison du génitif y soit précédée d'une seule consonne :
Crus, n., la jambe, *crurium;*
Glis, m., le loir, *glirium;*
Lis, m., le procès, *litium;*
Mas, m., le mâle, *marium;*
Mus, m., le rat, *murium;*
Nix, f., la neige, *nivium;*
Strix, f., le hibou, *strigium.*
(Les autres monosyllabes où la terminaison du génitif est précédée d'une seule consonne, suivent la règle générale, comme *laus,* f., la louange, *laudum; vox,* f., la voix, *vocum.*)

40. — p. 84. § 139.

ÉDON :
Plusieurs noms ont un double Génitif en *um* et en *ium.* Voici les principaux :
Adolescens, m., jeune homme, *adolescentium* et *adolescentum; apis,* f., abeille, *apum* et *apium* . . . .
fraus, f., fraude, *fraudium et fraudum; Lar,* m., dieu Lare, *Larum* et *Larium; optimas,* m., un grand, *optimatium* et *optimatum.*
. . . .
Penates, m. pl., les dieux Pénates, *Penatium,* et, en poésie, *Penatum.*

DELTOUR : — p. 114. fin du § 130.
Quelques noms ont un double génitif pluriel, comme :
Adolescens, m., le jeune homme, *adolescentium* et *adolescentum; apis,* f., l'abeille, *apum* et *apium,* (plus rare);
fraus, f., la fraude, *fraudum* et *fraudium* (plus rare);
optimas, m., un grand, *optimatum* et *optimatium;*
Lar, m., dieu Lare, *Larum* et *Larium;*
Penates, m. pl., les pénates, *Penatium* et *Penatum* (poétique).

41. — p. 86. § 143. 2°

ÉDON :
Les Noms en *bs, ps,* comme *Arabs, Arabis,* m., l'Arabe; acc. sing. *Arabem;* acc. pl. *Arabas;*
Æthiops, Æthiopis, m., l'Éthiopien, acc. sing. *Æthiopem;* acc. plur. *Æthiopas.*

DELTOUR : — p. 117. § 136. 6°
Les noms de peuples en *bs, ps,* comme *Arabs, Arabis,* l'Arabe, acc. sing. *Arabem;* acc. pl. *Arabas;*
Æthiops, Æthiopis, l'Éthiopien; acc. sing. *Æthiopem;* acc. pl. *Æthiopas.*

42. — p. 89. § 149.

ÉDON :
Les Noms de Nombre, qu'on appelle aussi Adjectifs numéraux, servent à compter les personnes et les choses.

DELTOUR : — p. 119. § 140.
Les noms de nombre, appelés aussi adjectifs numéraux, servent à compter ou à classer les personnes et les choses.

43. — p. 93.

ÉDON :
Liste complète des Adverbes numéraux.

DELTOUR : — p. 119. § 141.
Liste complète des adverbes numéraux.

44. — p. 93.

ÉDON :
Manière d'exprimer 1,000,000 dans les quatre colonnes.

DELTOUR : — p. 120.
Manière d'exprimer 1,000,000 dans les quatre colonnes.

DELTOUR (AVANT LA 40ᵉ ÉDITION) | **Appréciations**

Néant.

Sauf le mot *quoique* remplaçant le mot *où*, et l'absence du mot *vis*, chez M. Deltour, ce passage est copié littéralement.

.p. 109.
en note.

La principale exception est celle de *vox, vocis*, la voix, qui fait *vocum*. *Fraus, fraudis*, la fraude, fait *fraudium*; on trouve aussi quelquefois *fraudium.*

Remarquez la parenthèse qui commence ainsi : *Les. autres monosyllabes, où la terminaison...* Elle n'était pas indispensable. M. Edon hésitait à écrire ce passage; il ne l'a mis que pour plus de clarté. M. Deltour l'a copié. Il est certain que son ancienne note sur « *la principale exception* » était bien erronée : il faisait de la règle générale une exception!

---

p. 109.

Sauf les deux lignes ci-dessus, sur *fraus*, et cette remarque : *Apis, apis*, f., l'abeille, fait plus souvent *apum* que *apium*, le reste manque.

Paragraphe nouveau, introduit avec fort peu de changements.

M. Deltour a mis dans sa liste *sept* noms (qui sont dans la liste de M. Edon), tandis que M. Edon en a mis *neuf.*

Comparez les deux éditions de M. Deltour.

---

p. 111.

Néant.

Copié mot à mot; *en voici la preuve :*
Dans la partie de ce paragraphe 136 qui appartient à Lhomond (*et elle a une demi-page*), M. Deltour a donné d'abord le nominatif, puis la traduction française, puis le génitif : *Pallas*, Pallas, gén. *Palladis... Aer*, l'air, gén. *aeris.......... Macedo*, Macédonien, gén. *Macedonis*, etc., etc., etc.

Dans le passage copié, au contraire, il donne, comme on peut le voir ci-contre, le nominatif, le génitif, puis la traduction française, *exactement comme l'a fait M. Edon, dans ce passage et dans le reste du paragraphe.*

---

p. 113.
§ 123.

Les noms de nombre servent à compter ou à ranger les choses.

Rédaction nouvelle, copiée; *en voici la preuve :* L'ancien titre, qui précède ce passage, était : *nom de nombre*. Dans la 40ᵉ édition, M. Deltour le change ainsi : *noms et adjectifs de nombre*. Puis il lit la grammaire de M. Edon, la copie textuellement, et appelle comme M. Edon *adjectifs numéraux*, ce qu'il venait de désigner dans le titre sous le nom d'*adjectifs de nombre*.

---

p. 113.
§ 124.

Néant.

Inutile d'insister.

---

p. 114.

Néant.

ÉDON | **DELTOUR (40ᵉ édition)**

	ÉDON	DELTOUR (40ᵉ édition)
45.	p. 90. 2° — *Nullus, nulla, nullum,* aucun, aucune (avec négation), pas un... *nonnullus, nonnulla, nonnullum,* quelque...	p. 121. § 142. — *Nullus, a, um,* aucun, aucun (avec négation), pas un..... *Nonnullus, a, um,* quelque...
46.	p. 89. au bas. — Onze Adjectifs se déclinent... au pluriel comme *boni, æ, a.* Ce sont...	p. 121. § 142 fin. — Tous ces adjectifs se déclinent régulièrement au pluriel, comme *boni æ, a.* Exemple ....
47.	p. 99. rem. — L'exemple des bons auteurs autorise à employer..... Exiguissimus d'exiguus, petit..... strenuissimus, de strenuus, actif, vaillant. — Piissimus, de pius, se rencontre dans plusieurs bons écrivains, mais Cicéron en blâme l'usage.	p. 123. note 2. — ...., On trouve aussi exiguissimus d'exiguus, petit ; strenuissimus de strenuus, actif. Cicéron blâme l'emploi du superlatif piissimus. Cependant on le rencontre plusieurs fois dans de bons écrivains.
48.	p. 121. § 170. — Verbes demi-déponents..... On appelle ces verbes *demi-déponents,* parce qu'ils sont déponents au parfait et aux temps qui en sont formés, et qu'ils ont la forme active aux autres temps.	p. 125. § 151. — Verbes demi-déponents. On les appelle *demi-déponents* parce qu'ils ont la forme passive pour leurs temps composés et la forme active pour leurs temps simples.
49.	p. 121. § 170. — ..... Fidĕre..... Confidĕre..... Diffidĕre..... se conjuguent comme *lego,* excepté au parfait et aux temps qui en dérivent, où ils se conjuguent comme *usus sum.*	p. 126. fin du § 152. — Fido, confido, diffido, se conjuguent comme *lego* aux temps simples, et comme *usus sum* aux temps composés.
50.	p. 129. au bas. — Un certain nombre de composés d'*eo* peuvent s'employer activement comme : *adire, adeo*... ; *inire, ineo* ; *obire, obeo*..... ; *transire, transeo*..... ; *præterire, prætereo.*	p. 130. § 156. — Quelques-uns des composés d'*eo* ont le sens actif, comme *adeo, ineo, obeo, prætereo, transeo.*
51.	p. 120. au bas. — Ces verbes sont usités à tous les temps du passif. Exemple : Indic. prés. *Adeor, iris, itur, imur, imini, euntur* ; imparf. *adibar* ; parf. etc. *aditus sum* ; fut. *adibor, iberis, itur..,* impér. *adire* ou *aditor, adeuntor* ; subj. prés. *adear, earis, eatur...* ; imparf. *adirer...* ; parf. etc. *aditus sim* ; infin. prés. *adiri* ; passé *aditum, am, um esse* ; fut. *aditum iri* ; part. passé *aditus, a, um* ; fut. *adeundus, a, um* ; supin *aditu.*	p. 130. § 156. — Ils ont un passif usité à tous les temps et à toutes les personnes. Exemple : Indic. prés. *Adeor...adiris, itur, imur, imini, euntur* ; Imp. *adibar* ; Parf. *aditus sum* ; Fut. *adibor, adiberis,* etc ; Impér. *adire* ou *aditor* ; Subj. prés. *adear, adearis,* etc. ; Imp. *adirer* ; Infin. prés. *adiri* ; Infin. fut. *aditum iri* ; Part. passé, *aditus, a, um* ; Part. futur, *adeundus, a, um* ; Supin, *aditu.*

DELTOUR (AVANT LA 40ᵉ ÉDITION)	**Appréciations**
p. 115. §125. *Nullus, a, um,* aucun, aucune, pas un.	Emprunt peu important. Mais c'est un emprunt.
p. 115. note 1. (Sauf cette exception), ils se déclinent comme *bonus, a, um*.	Même observation que plus haut.
p. 118. Néant.	Remarquez surtout l'observation relative à *piissimus*.
p. 119. note 1. Verbe neutre passif. .....On a dit aussi qu'ils sont à moitié déponents, puisqu'ils ont la forme active pour la moitié de leurs temps, et la forme passive pour l'autre.	Emprunt du terme *demi-déponents*. Bien d'autres avant M. Édon avaient remarqué que ces verbes sont à moitié déponents (comme nous l'apprend M. Deltour dans la note de son ancienne édition); mais pourquoi M. Deltour n'avait-il pas appelé la chose par son nom? Ajoutons que les autres grammaires appellent ces verbes *semi-déponents*, nom qui nous paraît barbare. M. Édon croit avoir créé le mot *demi-déponent*.
p. 120. note 1. Fido et ses composés confido, diffido, font au parfait *fisus sum, confisus sum, diffisus sum*.	Emprunt manifeste.
p. 124. Néant.	Emprunt manifeste.
p. 124. Néant.	Emprunt des plus visibles.

ÉDON	DELTOUR (40ᵉ Édition)

52. p. 144. § 194. — Quand un Adjectif se rapporte à plusieurs Noms du même genre, on le met au pluriel et au genre de ces Noms.

p. 148. § 178. — Quand un adjectif se rapporte à plusieurs noms du même genre, on met cet adjectif au pluriel et au genre de ces noms.

53. p. 144. § 195. — Quand les Noms sont de différents genres et désignent des personnes ou des animaux, l'Adjectif se met au masculin pluriel, si l'un des Noms est du masculin, et au féminin pluriel, s'il n'y a que des Noms féminins et neutres.

p. 148. § 179. — Quand un adjectif se rapporte à plusieurs noms de personnes ou d'animaux de différents genres, l'adjectif prend le masculin, si l'un des noms est de ce genre, et le féminin pluriel, s'il n'y a que des noms féminins et neutres.

54. p. 145. § 199. — L'Adjectif qui ne se rapporte à aucun Nom, et qui est suivi d'un infinitif, se met au neutre, lorsque cet infinitif peut servir de sujet à la phrase.

p. 149. § 182. — L'adjectif qui ne se rapporte à aucun nom précédent, mais qui est suivi d'un infinitif pouvant servir de sujet à la phrase, se met au neutre.

55. p. 146. § 200. 2° — Mais si le Nom ou Pronom est au génitif ou à l'ablatif...

p. 150. § 184. — Si cependant le nom ou pronom qui précède était au génitif ou à l'ablatif.

56, 57. p. 146. § 200. 2° — Il m'importe d'être prudent, *meâ refert esse prudentem.*

et p. 147 en note. — Il faut être actives, *oportet esse strenuas.*

p. 150. § 184. — Il vous importe d'être actifs, *Vestrâ refert esse strenuos.*

58, 59. p. 147. § 201. — On observe les mêmes règles quand l'Adjectif est placé après un Verbe passif ou neutre.

Il m'est permis de vivre libre, *Mihi licet vivere libero.*
(Suppression de l'exemple de Lhomond : *ego nominor leo.*)

p. 150. § 185. — On observe la même règle après tout autre verbe neutre ou passif.

Il est permis aux vieillards de vivre tranquilles, *licet senibus vivere quietis.* (Suppression de l'exemple de Lhomond : *ego nominor leo.*)

60. p. 148. § 203. — (Paragraphe ajouté à Lhomond.) Quand un Nom, placé après le Verbe *être*, après un Verbe passif ou après un Verbe neutre, désigne la même personne que le Nom ou Pronom qui précède le Verbe, on le met au cas indiqué par les règles précédentes, comme si c'était un Adjectif.

(Rétablissement à cet endroit de l'exemple de Lhomond, supprimé plus haut : *ego nominor leo.*) Je me nomme lion (*en latin :* je suis nommé lion)...

p. 150. § 186. — (Paragraphe ajouté à Lhomond.) Quand un nom qui suit immédiatement le verbe *être*, un verbe neutre ou un verbe passif, sert, comme un adjectif, à qualifier le nom ou pronom qui précède le verbe, ce nom suit les mêmes règles que l'adjectif.

(Rétablissement à cet endroit de l'exemple de Lhomond, supprimé plus haut : *ego nominor leo.*) Je m'appelle (je suis appelé) lion... (Lhomond avait dit simplement : je m'appelle lion...)

DELTOUR (AVANT LA 40ᵉ ÉDITION)	**Appréciations**
p. 142. § 167. Quand un adjectif se rapporte à deux noms, on met cet adjectif au pluriel, parce que deux singuliers valent un pluriel.	Copié textuellement, (sauf le mot *adjectif* remplaçant le mot *le*).
p. 148. § 168. Quand un adjectif se rapporte à deux noms de différents genres, l'adjectif prend le plus noble des deux genres. (Le masculin est plus noble que les deux autres ; le féminin est plus noble que le neutre.)	Copié presque textuellement.
p. 143. §. 170. L'adjectif qui ne se rapporte à aucun nom précédent se met au neutre.	Emprunt d'un passage fort important.
p. 144. § 172. Si cependant le nom qui précède était au génitif.	M. Edon croit avoir parlé le premier de l'ablatif, dans cette règle. M. Deltour a comblé, d'après lui, cette lacune importante.
p. 144. Néant.	Idée empruntée à M. Édon. On a cru masquer l'emprunt en condensant les deux exemples en un seul. Mais on se trahit en reproduisant : 1° la construction du verbe *refert* ; 2° les mots *esse strenuas*, dont on a fait *esse strenuos*. Même traduction de *strenuus* : actif. — Il serait trop long d'expliquer l'importance des deux exemples de M. Édon ; mais M. Deltour l'a bien comprise.
p. 144. § 173. On observe la même règle après tout autre verbe. Cet exemple manque. Je m'appelle lion, *ego nominor leo.*	Imitation flagrante du paragraphe de M. Édon ; mais, comme plus haut, on a essayé de dissimuler : *Verbe passif ou neutre* est devenu : *Verbe neutre ou passif.* On a modifié l'exemple, mais il en est resté les mots : *il est permis,* et... *de vivre.* — On a supprimé ici, comme M. Édon, l'exemple *ego nominor leo* ; et, comme M. Édon, on l'a rejeté dans le paragraphe ci-dessous.
p. 144. Néant.	On peut voir ici encore un de ces nombreux passages où M. Deltour copie M. Édon, précipitamment, et sans bien se rendre compte de ce qu'il fait. — Quand M. Édon corrigeait cet endroit de Lhomond, il a vu avec étonnement l'exemple *ego nominor leo* placé dans la règle des adjectifs. En même temps, il était frappé de l'utilité qu'il y aurait à garder cet exemple. Il a eu alors l'idée d'ouvrir, sous le nom d'OBSERVATION, un nouveau paragraphe, où il montrerait aux élèves des substantifs se comportant comme des adjectifs attributs, et suivant les mêmes règles. M. Deltour a copié presque littéralement ce passage, mais sans avertir les élèves que, des adjectifs, il revenait aux substantifs. En un mot, il n'a pas remarqué le titre *observation*, ou bien il n'a pas voulu le reproduire, pour mieux cacher son emprunt ; et l'introduction du § 203 de M. Edon dans le livre de M. Deltour, à la fin de la syntaxe des adjectifs, produit un effet des plus étranges.

	ÉDON		DELTOUR (40e édition)
61.	p. 149. § 206.	Similis, semblable à, Dissimilis, dissemblable à, Dispar, différent de, Contrarius, contraire à... Proprius, qui appartient à...	p. 151. § 189. Similis, semblable à ; dissimilis, dispar, différent de ; Contrarius, contraire à ; Proprius, propre à, etc.
62, 63.	p. 149. § 206. p. 150. 2°	Quelques Adjectifs gouvernent le Génitif ou le Datif. . . . . Affinis, complice (d'une faute), impliqué dans. Les adjectifs, qui marquent..., gouvernent le Datif : ..... Affinis, allié à (parent par alliance). REMARQUE. Parmi les adjectifs qui gouvernent le Datif, un certain nombre s'emploient substantivement ; ils régissent alors le Génitif. Tels sont : ... affinis, l'allié (le parent par alliance).	p. 151. tout au bas en note. Les adjectifs..... affinis, allié à (par mariage) s'emploient souvent comme noms ; alors ils se construisent avec le génitif, comme les noms. Mais Affinis, signifiant complice de, impliqué dans, gouverne comme adjectif le génitif ou le datif.
64.	p. 151. § 211.	Proclivis, enclin à.	p. 153. § 193. Proclivis, enclin à.
65.	p. 152. § 214.	Contentus, content (qui se contente de).	p. 154. § 195. Contentus, content de (qui se contente de).
66, 67.	p. 154. § 217.	Quand le Comparatif est exprimé par un seul mot latin, le Nom ou Pronom qui le suit peut souvent se mettre à l'Ablatif en supprimant le que..... REMARQUE. Il ne faut employer cette tournure que si le premier des Noms ou Pronoms comparés ensemble est au Nominatif ou à l'Accusatif.	p. 155. § 198. Après le comparatif, exprimé par un seul mot latin, on peut mettre le nom ou pronom qui suit à l'ablatif, en supprimant le que, pourvu que le premier nom ou pronom soit au nominatif ou à l'accusatif en latin.
68.	p. 155. § 220.	.....en exprimant toujurs que par quàm.	p. 155. § 201. .....le que s'exprime toujours par quàm.
69.	p. 154. § 218.	Paulus est doctior quàm Petrus. (Petrus est au Nominatif comme sujet du Verbe est sous-entendu.)	p. 145. § 199. Paulus est doctior quàm Petrus (sous-entendu est).
70.	p. 155. en haut.	Neminem novi doctiorem quàm Paulum. (Paulum est à l'Accusatif comme régime du Verbe novi sous-entendu.)	à la suite. Neminem novi doctiorem quàm Paulum (sous-entendu novi).

DELTOUR (AVANT LA 40ᵉ ÉDITION)	**Appréciations**
p. 146. § 176. — Similis, semblable; par, æqualis, égal; affinis, allié. (Et plus bas, en note.) Les termes opposés à *par* et à *similis*, gouvernent aussi le génitif ou le datif, excepté *impar* qui ne veut que le datif. *Proprius* gouverne également les deux cas.	Comment M. Deltour qui, dans ses anciennes éditions, avait annoté cette règle de Lhomond, a-t-il maintenu si longtemps de graves erreurs ? En revanche, dans sa 40ᵉ édition, il s'est corrigé complètement, et l'on peut croire que la lecture de la grammaire de M. Édon lui a beaucoup servi pour faire cette correction. — Comparez les trois passages.
p. 146. — .....*affinis*, allié, gouvernent le génitif ou le datif. (et en note.) Les adjectifs *amicus*, ami, *inimicus*, ennemi, s'emploient souvent comme noms; alors ils se construisent avec le génitif, comme les noms. (Rien, dans cette note, sur *affinis*.)	M. Édon croit être le premier, au moins en France, qui ait donné avec précision la syntaxe d'*affinis* dans ses différentes acceptions. Voilà encore un passage que M. Deltour lui a emprunté, et cela sans grande réflexion. En effet, il dit bien que *affinis*, complice, gouverne comme adjectif le génitif ou le datif; mais il oublie d'indiquer le cas que régit, *comme adjectif, affinis*, allié (par mariage). — Remarquez l'emprunt des traductions *complice de, impliqué dans*; et l'imitation de la parenthèse : *allié (par mariage)*.
p. 147. § 180. — *Proclivis*, porté à...	Changement peu important. Vraiment, cela n'en valait pas la peine.
p. 148. § 182. — *Contentus*, content de.	M. Edon, ayant remarqué la confusion que faisaient les élèves et d'autres personnes aussi (voy. ancien Lhomond, *en, y*) entre les deux sens du mot français *content*, croit avoir appelé le premier l'attention des écoliers sur le sens précis de *contentus*. Encore une nouveauté prise par M. Deltour.
p. 150. § 186. — Après le comparatif, exprimé par un seul mot latin, on met le nom à l'ablatif en supprimant le *que*.	Les mots *peut souvent* ont une très grande importance : ils annoncent que cette règle n'est pas toujours applicable. Ils préparent la remarque suivante. Encore une idée prise par M. Deltour (...*on peut...*) Observez en outre que la remarque de M. Édon a été incorporée à la règle de M. Deltour.
p. 150. § 188. — .....Néant.	Remarquez ici le mot *toujours*, parce que M. Édon avait mis au § 217 *peut souvent...* (Les deux règles sont ainsi bien nettement opposées l'une à l'autre.) — M. Deltour ne laisse rien échapper.
p. 150. § 187. — *Paulus est doctior quàm Petrus.*	Imitation.
Neminem novi doctiorem quàm Paulum.	Imitation.

	ÉDON		DELTOUR (40ᵉ édition)
71.	p. 157. § 224.	.....*Altissima* est, comme son régime *arborum*, du féminin, parce qu'il se rapporte à *arbor* sous-entendu.	p. 157. § 206.	*Altissima* est du féminin parce qu'il se rapporte à *arbor* sous-entendu.
72	p. 157. note 1.	Cicéron le plus grand des orateurs; *tournez* en comparaison duquel nul orateur ne fut plus grand, *Cicero quo nullus orator major fuit.*	p. 157. en note.	*Malum quo non velocius ullum est,* fléau plus rapide que tous les autres, littéralement en comparaison duquel aucun n'est plus rapide.
73.	p. 158. § 227.	On pourrait dire aussi, mais moins bien *optimi homines illi favent.*	p. 158. § 210.	On dirait aussi moins bien : *optimi viri illi favent.*
74.	p. 159. § 229.	Le sujet de tout Verbe à un mode personnel se met au Nominatif; et ce Verbe s'accorde avec son sujet en nombre et en personne.	p. 159. § 212.	Tout verbe, quand il n'est pas à l'infinitif, s'accorde avec son sujet en nombre et en personne; et ce sujet se met au nominatif.
75.	p. 160. § 231.	Quand les Sujets d'un même Verbe sont de différentes personnes, le Verbe se met à la première personne du pluriel, s'il y a un Sujet de la première personne ; s'il n'y a pas de Sujet de la première personne, le Verbe se met à la seconde du pluriel.	p. 160. § 215.	Si les sujets d'un même verbe sont de différentes personnes, le verbe se met à la première personne, s'il y a un sujet de la première personne ; si les sujets sont de la seconde et de la troisième personne, le verbe se met à la seconde.
76.	p. 161. § 235.	(L'Exemple : Nous ignorons bien des choses, et les deux suivants, ont été réunis aux exemples de la règle des Verbes *juvat, delectat,* etc. — La Remarque : Quand *attendre,* etc., a été rejetée à la fin du paragraphe.)	p. 161. § 219.	(La disposition nouvelle du livre de M. Édon a été entièrement prise par M. Deltour.)
77.	p. 162. § 237.	. . . . Il est absent de la ville, *Abest ab urbe.*	p. 162. § 222.	. . . . Il est éloigné de la ville, *Abest ab urbe.*
78.	p. 162. § 238.	Si l'on doit employer le Parfait ou l'un des temps qui en sont formés, on ne peut se servir que d'*instare* (*institi*), les Verbes *immineo* et *impendeo* n'ayant pas dé Parfait.	p. 163. § 224.	*Imminere et impendere* n'ayant pas de parfait, employez à ce temps *instare* (*institi, institeram,* etc.).
79, **80.**	p. 163. § 240. Rem.	Le Verbe *menacer* s'exprime par *minari,* quand on peut le tourner par *faire des menaces...* Sinon, il faut l'exprimer par l'un des trois Verbes *imminēre, impendēre, instare.....* L'ennemi menace la ville (est près d'attaquer la ville), *Hostis urbi imminet.*	p. 163. § 227.	Le verbe *menacer* s'exprime par *minari,* quand il signifie faire des menaces; sinon employez *imminet, impendet, instat.* L'ennemi menace (est sur le point d'attaquer) la ville, *hostis urbi imminet.*

DELTOUR (AVANT LA 40ᵉ ÉDITION)	**Appréciations**
p. 152. § 194. *Altissima* est du féminin parce que son régime *arborum* est du féminin.	Explication copiée.
p. 152. en note. *Malum quo non velocius ullum est*, fléau plus rapide que tous les autres. **Cette construction élégante ne peut s'expliquer littéralement en français.**	M. Deltour avait déclaré qu'il lui était impossible d'expliquer littéralement cette construction. Il lit la grammaire de M. Edon, et l'explication littérale lui apparaît aussitôt.
p. 153. Néant.	Il est clair comme le jour que ces deux lignes ont été copiées sur M. Edon. Nous nous demandons pourquoi on n'a pas laissé à M. Edon cette observation peu importante. Elle ne méritait pas d'être prise à son auteur.
p. 154. § 199. Tout verbe, quand il n'est pas à l'infinitif s'accorde avec son sujet en nombre et en personne.	Il était de bonne logique de parler d'abord du sujet, puis de parler du verbe. M. Deltour a pris à M. Edon ce qu'il a dit du sujet, mais, il a renvoyé cette remarque à la fin, pour cacher, peut-être, son emprunt.
p. 155. § 202. Si les sujets d'un même verbe sont de différentes personnes, le verbe prend la plus noble des personnes : la première est plus noble que les deux autres, la seconde est plus noble que la troisième.	Imitation flagrante.
p. 156. § 207. (La remarque : Quand *attendre*, etc., est enclavée entre les exemples : Une gloire éternelle..... et Nous ignorons bien des choses.....)	Coïncidence bien singulière !
p. 157. § 210. Néant.	*Absent* chez M. Edon, est devenu *éloigné* sous la plume de M. Deltour. Encore un emprunt habilement dissimulé !
p. 158. § 211 ou 212. Néant.	Observation fort importante pour les écoliers. Elle a été suggérée à M. Edon par une question d'élève. *Personne* avant M. Édon ne l'avait imprimée. Dès 1869 (25ᵉ édition) M. Deltour se l'est appropriée sans hésitation. — Remarquons en passant comme la précipitation à copier ou la nécessité de dissimuler fait écrire d'étranges choses : « Employez à ce temps (c'est à dire au parfait) *institeram*. »
p. 158. § 215. Le verbe *menacer* s'exprime par *minari* quand il a pour sujet un nom de personne.	La règle, l'exemple ne se trouvent que chez M. Edon, et — postérieurement, chez M. Deltour. Remarquez surtout l'exemple : français, parenthèse, latin, tout est pris mot à mot (à part une légère modification : *est sur le point*, au lieu de *est près*) — toujours pour dissimuler. — Remarquez aussi ces mots *imminet, impendet, instat*. On dirait des impersonnels. Le mot *minari*, qui précède, appelait ici *imminere, impendere, instare*. Mais M. Deltour a voulu dissimuler son emprunt.

	ÉDON	DELTOUR (40ᵉ édition)
81.	p. 165. § 246.	..... gouvernent l'Ablatif ou le Datif, quand leur régime est un Nom de chose. Mais si ce régime est un Nom de personne, il vaut mieux le mettre au Datif qu'à l'Ablatif..... Il a confiance en lui-même, *confidit sibi*.	p. 165. Rem. en haut de la page.	..... veulent le nom de la chose à l'ablatif ou au datif ; le nom de la personne se met plutôt au datif.... Il a confiance en lui-même, *confidit sibi*.
82.	p. 165. § 246. 2°	*Diffidère*, régit toujours le Datif.	p. 165. Rem. en haut de la page.	*Diffido* gouverne le datif pour la personne et pour la chose.
83.	p. 166. § 249. 1°	*Oblivisci....*; mais si son régime est un Nom de personne, il ne peut se mettre qu'au Génitif.	p. 165. § 235. Rem.	Avec *oblivisci* le nom de la personne est toujours au génitif.
84.	p. 168. 1ʳᵉ rem.	Quand on exprime *être enseigné, caché....*, par les Passifs *doceri* ou *edoceri, celari*, il faut tourner de manière que le Nom de la personne devienne le sujet, et mettre le Nom de la chose au cas indiqué par les règles précédentes. Exemples : La grammaire est enseignée aux enfants ; tournez, les enfants sont instruits sur la grammaire, *pueri docentur grammaticam.....*	p. 167. § 241.	Quand *instruire, cacher* sont au passif, il faut faire du nom de la personne le sujet, et laisser celui de la chose à l'accusatif. On enseigne la grammaire aux enfants ; tournez, les enfants sont instruits sur la grammaire, *pueri docentur grammaticam.*
85.	p. 168. 2°	..... et les Substantifs *sententia*, l'avis ; *testimonium*, le témoignage.	p. 167. note 1.	..... ou encore un des mots *rem*, l'affaire ; *sententiam*, l'opinion ; *testimonium*, le témoignage.
86.	p. 169. § 256.	Les Verbes qui expriment l'idée de *demander...*	p. 168. § 243.	Les verbes qui expriment l'idée de *demander.*
87.	même p. même §.	*Petere,* } *Postulare,* } demander en sollicitant. *Poscère*, réclamer à *Flagitare*, exiger de *Accipère*, recevoir de *Mutuari*, emprunter à *Emère*, acheter de *Sperare*, espérer de *Metuère*, craindre de *Exspectare*, attendre de *Impetrare*, obtenir de *Discère*, apprendre de.	même p. même §.	Demander — *petere* / *poscere* Recevoir — *accipere* Emprunter — *mutuari* Acheter — *emere* Espérer — *sperare* Craindre — *metuere* Attendre — *exspectare* Obtenir — *impetrare* Apprendre de — *discere.*

DELTOUR (AVANT LA 40ᵉ ÉDITION)	**Appréciations**
p. 159. note 4 fin. ..... veulent le nom de la personne et de la chose à l'ablatif ou au datif. (Les exemples manquent.)	L'ancienne règle de M. Deltour lui appartenait bien. Elle n'était pas de Lhomond. M. Deltour l'avait ajoutée dans ses notes. Pour lui; l'emploi du datif et de l'ablatif était indifférent. — On peut voir combien la règle de M. Édon lui a été utile pour rédiger ce passage de sa quarantième édition.
p. 159. fin de la note 4. *Diffido* gouverne le datif pour la personne et pour la chose ; on trouve quelquefois, mais rarement, l'ablatif.	Pourquoi M. Deltour n'a-t-il pas conservé sa première rédaction ? Elle était bien de lui ; il l'avait ajoutée à Lhomond en note. Encore un endroit où M. Édon lui a été utile.
p. 160. § 223. *Oblivisci*..... gouvernent le génitif ou l'accusatif.	M. Édon croit être le premier qui ait, en France, donné la véritable règle d'*oblivisci*, surtout avec cette précision. M. Deltour n'a pas hésité à le copier.
p. 162. § 229. Néant.	Passage ajouté ici à Lhomond par M. Édon. — En le reproduisant, M. Deltour a été fort mal inspiré. D'abord il nous dit, quand *instruire* etc., sont au passif, puis il ajoute l'exemple suivant : *On enseigne la grammaire.* (M. Édon a mis : *être enseigné*, et il a donné ensuite cet exemple : *la grammaire est enseignée.*)— Ces incorrections de M. Deltour prouvent le peu de peine qu'il s'est donné. En copiant M. Édon, il a voulu dissimuler ses emprunts, sans faire autre chose que des règles mal rédigées, mal digérées, comme tout ce qui est une contrefaçon.
p. 162. note du bas de la page. Néant.	Le mot *rem* ajouté par M. Deltour n'empêchera pas M. Édon de dire que ce passage lui a été emprunté. Contre toute habitude, M. Deltour met les mots de sa liste à l'accusatif. Est-ce encore pour dissimuler ?
p. 162. § 231. Les verbes *demander*.....	Emprunt manifeste. — C'est littéralement copié.
même p. même §. demander, recevoir, emprunter, acheter, espérer, attendre, obtenir, etc.	M. Deltour a donné la traduction latine de verbes cités par Lhomond, comme M. Édon. Cela seul ne suffit pas pour dire qu'il y a emprunt. — Mais il a ajouté deux verbes à ceux de Lhomond : *craindre* et *apprendre*. Il les a placés dans sa liste juste à l'endroit où M. Édon les avait mis : *craindre* est entre *espérer* et *attendre* ; *apprendre* est à la fin de la liste. La liste des verbes au paragraphe suivant, et la règle qui la précède, prouvent que tout ce passage est une imitation du livre de M. Édon.

	ÉDON		**DELTOUR** (40ᵉ édition)

88. — p. 170. § 257.

ÉDON : Si le régime indirect de ces Verbes est un Nom de chose, on le met à l'Ablatif avec *e* ou *ex*. On fait de même après tous les Verbes dont le régime indirect exprime une idée de *provenance* ou de *cause* : tels sont :
Accendĕre, allumer à
Capĕre...., prendre à
Carpĕre, cueillir à
. . . .
Haurire, puiser à
. . . .
Judicare, juger à
Intelligĕre, comprendre à.

DELTOUR : — p. 168. § 244. Si le régime indirect de ces verbes est un nom de chose, on le met à l'ablatif avec *e* ou *ex* ; on fait de même avec les verbes dont le régime indirect exprime une idée de cause, d'origine, de provenance, comme :
Accendere   allumer à
Carpere   cueillir à
Capere   prendre à
Haurire   puiser à
Judicare   juger à
Intelligere   comprendre à.

89. — p. 170. § 258.

ÉDON : . . . . *Quærĕre*, *percontari*, *sciscitari*, s'informer auprès de, demander à.

DELTOUR : — p. 168. § 245. . . . . *Quærere*, *percontari*, *sciscitari*, s'informer près de.

90. — p. 171. note 1.

ÉDON : ..... On se sert de *per* avec l'Accusatif pour exprimer la personne *au moyen de laquelle* on est informé. Exemple : J'ai appris cela par des éclaireurs, *Id per exploratores cognovi*.

DELTOUR : — p. 161. note 2. On emploie *per* avec l'accusatif pour indiquer la personne *par* l'intermédiaire de laquelle on est informé. Exemple : J'ai appris cela par tes messagers, *Id per nuntios tuos cognovi*.

91. — p. 172. § 260.

ÉDON : Les Verbes qui marquent *abondance, disette ou privation*.

DELTOUR : — p. 169. § 247. Les verbes qui expriment *abondance, disette, privation*.

92. — p. 172. § 261.

ÉDON : Plusieurs Verbes qui signifient *avertir, informer*..... ..... Ce sont : *moneo, admoneo*..... *certiorem facio*.....

DELTOUR : — p. 169. § 248. Les verbes qui signifient avertir, informer, tels que *monere, admonere, certiorem facĕre*, etc.....

93. — p. 173. § 262.

ÉDON : ..... Condamner quelqu'un pour trahison..... *damnare aliquem proditionis*.

DELTOUR : — p. 170. § 250. Condamner quelqu'un pour trahison, *damnare aliquem proditionis*.

94. — p. 173. § 263.

ÉDON : Le § 263 avait été confondu par Lhomond avec le paragraphe précédent : M. Edon en a fait un paragraphe distinct.

DELTOUR : — p. 178. § 251. Le § 251 avait été confondu par Lhomond avec le paragraphe précédent : M. Deltour en a fait un paragraphe distinct.

95. — même p. même §.

ÉDON : Condamner quelqu'un à l'exil, *damnare aliquem exsilio* ; à une amende, *pecuniâ*.

DELTOUR : — même p. même §. Condamner quelqu'un à l'exil, *damnare aliquem exsilio*. — Condamner à une amende, punir d'une amende, *damnare, mulctare pecuniâ*.

96. — p. 173. § 263. 2°

ÉDON : Mais si ce régime indirect est un Nom désignant l'instrument du supplice, il se met à l'Accusatif avec *ad* ou *in*.

DELTOUR : — p. 171. § 272. Après *damnare*, le nom qui désigne le genre ou l'instrument du supplice se met à l'accusatif avec *ad* et quelquefois avec *in*.

	DELTOUR (AVANT LA 40e ÉDITION)	**Appréciations**
p. 163. § 232.	Si le régime indirect du verbe *recevoir* est une chose inanimée, on le met à l'ablatif avec *e* ou *ex* ; on fait de même avec les verbes *allumer à*, *pendre à*, *juger à*, *puiser à*, etc.	Remarquez la différence considérable des deux éditions de M. Deltour ; voyez ensuite la grammaire de M. Édon. M. Deltour l'a copiée littéralement dans sa quarantième édition. Pour dissimuler, il a passé le mot *tous* et ajouté le mot *origine*. Examinez ensuite la liste des verbes : l'ancienne édition ne donne pas les mots latins ; elle cite le verbe *pendre à*, elle place *puiser à* après *juger à*. — La quarantième édition ne parle plus du verbe *pendre à*, place *juger à* après *puiser à*, ajoute *cueillir à*, *prendre à*, *comprendre à*, et donne la traduction latine de tous les verbes français. Tous les verbes nouveaux sont empruntés à la liste de M. Édon, et ils sont rangés dans le même ordre, sauf le mot *capere*.
p. 163. § 233.	. . . . *Quærere*, s'informer.	Nouvelle liste copiée.
p. 163. note 1.	..... au lieu de *cognoscere ex*, on trouve aussi *cognoscere per*.	Puisque M. Deltour avait, dans son ancienne édition, jugé utile de compléter Lhomond sur ce point, pourquoi n'a-t-il pas rédigé sa note dans les termes qu'il a employés lors de sa 40e édition ? Remarquez à quel point il a imité M. Édon ; comparez les deux exemples. Remarquez *par* en italique chez M. Deltour, et *au moyen de laquelle*, en italique chez M. Édon. Ce n'est pas une simple coïncidence.
p. 164. § 235.	Les verbes d'*abondance*, de *disette*, et de *privation*.	Amélioration bien peu importante. Est-ce une simple coïncidence ? Voyez la remarque ci-après.
p. 164. § 236.	Les verbes *avertir*, *informer*.....	*Qui signifient*, comme plus haut *qui expriment*, ajouté d'après le livre de M. Édon. La traduction latine des verbes est donnée aussi, comme elle l'a été par M. Edon.
p. 165. note 1.	*Damnatus nomine conjurationis*, condamné pour conjuration.	L'ancien exemple (qui appartenait à M. Deltour) était bon. Pourquoi remplacer *conjuration* par *trahison* (mot dont s'était servi M. Édon) ?
p. 165. § 238.	La confusion faite par Lhomond n'est pas corrigée, même en note.	Cette distinction, de la première importance, établie ici par M. Édon, lui a été empruntée par M. Deltour. Dans ses anciennes éditions, il n'en avait pas parlé, *même en note*.
même p. note 2.	*Mulctare* veut toujours l'ablatif : Exemples : *mulctare pecunià*, condamner à une amende.....	Emprunt manifeste.
p. 165. § 239.	Avec le verbe *condamner*, le nom de la peine particulière et déterminée se met à l'accusatif avec *ad*.	Copié sur M. Édon les mots *instrument du supplice*, — et le mot *in*.

	ÉDON		**DELTOUR (40ᵉ édition)**
97.	p. 174. § 264.	..... s'expriment : *accuser* par *arguĕre* ou *insimulare.*	p. 171. § 253.	..... s'expriment, *accuser* par *arguere* ou *insimulare.*
98.	p. 175. § 267. 2°	Mais avec *videor*, et avec tous les participes en *dus, da, dum*, le Nom doit forcément se mettre au Datif. (Ce paragraphe était rattaché par Lhomond au paragraphe précédent. M. Édon en a fait un paragraphe nouveau.)	p. 172. § 257.	Après *videri*, paraître, être regardé comme, et avec les participes en *dus, da, dum*, il faut toujours employer le datif. (Ce paragraphe était rattaché par Lhomond au paragraphe précédent ; M. Deltour en a fait un paragraphe nouveau.)
99.	p. 175. § 269.	Les trois verbes *pertinēre, attinēre, spectare*, regarder, appartenir (dans le sens de *concerner*), avoir rapport à.	p. 172. § 258.	Les trois verbes *pertinere, attinerc, spectare*, avoir rapport à, appartenir à (concerner), regarder.
100.	p. 175. § 270.	Les cinq Verbes *pænitet*, se repentir ; *piget*, avoir regret ; *tædet*, s'ennuyer ; *miseret*, avoir pitié, veulent à l'Accusatif le Nom ou Pronom, sujet du Verbe français.....	p. 173. § 259.	Les cinq verbes *pænitet*, se repentir ; *pudet*, avoir honte ; *piget*, avoir regret ; *tædet*, s'ennuyer ; *miseret*, avoir pitié, veulent à l'accusatif le nom ou pronom sujet du verbe français.....
101.	p. 176. § 271.	Quand *se repentir*..... sont précédés d'un autre Verbe, ce Verbe se met à la troisième personne du singulier, si l'on peut lui donner pour sujet les infinitifs *pænitēre, pudēre, pigēre, tædēre*..... *Tournez*, le repentir de ma faute commence à me prendre,..... *Tournez*, la honte de leur paresse a paru les prendre. Je ne veux pas rougir de moi-même.	p. 173. Rem.	Cette tournure s'explique parce que *pænitere, pudere, pigere*, etc., sont réellement les sujets du verbe précédent. Le repentir de ma faute commence à me saisir. La honte de votre paresse doit vous prendre. Je ne veux pas rougir de mes amis.....
102.	p. 177. § 274.	..... me, te, nous, vous, lui, leur, à lui, à elle, à eux, à elles.	p. 174. § 262.	..... me, te, nous, vous, lui, à lui, à elle, leur, à eux, à elles.
103.	p. 178. § 277. Rem.	Si ce régime est un Nom de chose personnifiée.....	p. 175. § 265. Rem.	Si le régime est un nom de chose personnifiée.....
104.	p. 179. § 279. Rem.	Exemple : Cet homme est riche : il lui appartient de secourir les malheureux....., *hic homo est dives : ejus est pauperibus opitulari.*	p. 176. § 267.	*Exemple :* Cet homme est éloquent ; il lui appartient de défendre la cause des innocents, *ille vir est eloquens ; ejus est causam innocentium suscipĕre.*
105.	p. 181. § 284.	Au Passif, le Verbe *interdico* est toujours impersonnel.	p. 177. § 270. Rem.	Par suite, *interdico* est toujours impersonnel au passif.

DELTOUR (AVANT LA 40ᵉ ÉDITION)	**Appréciations**
p. 166. 2° ..... s'expriment, *accuser* par *arguere*.	Addition du verbe *insimulare*. M. Deltour n'en avait rien dit, même en note.
p. 167. § 243. avec..... ..... *videor*, je suis regardé comme, et les participes en *dus, da, dum*, on met mieux le nom au datif qu'à l'ablatif.	Encore un exemple de paragraphe coupé en deux par M. Édon. M. Deltour a fait de même. La règle de *videor* et surtout celle des participes en *dus* n'avaient jamais été posées avec la précision et le caractère absolu que leur a donnés M. Edon. — Encore une nouveauté que M. Deltour a introduite à main-levée dans son ouvrage. Tout ce qui a coûté de longues vérifications à M. Édon lui a été ainsi emprunté sans la moindre hésitation.
p. 167. § 244. Les trois verbes *pertinere*, appartenir ; *attinere, spectare*, regarder, avoir rapport à...	Comme chez M. Édon, M. Deltour dans sa 40ᵉ édition a rapproché les trois verbes latins. Il a copié en outre la parenthèse *concerner*.
p. 168. § 245. Les cinq verbes *pænitet, pudet, piget, tædet, miseret*, veulent à l'accusatif le nom ou pronom qui précède le verbe français.	Correction de la fin de la phrase faite d'après M. Édon.
p. 168. § 246. Rien de cette explication, même dans les notes.	Explication importante, tournures empruntées à M. Édon. — Le dernier exemple, ajouté par M. Édon, est imité par M. Deltour, selon son procédé ordinaire, en changeant un mot (le moins important).
Rien de ces tournures.	
Cet exemple manque.	
p. 169. § 249. ..... me, te, nous, vous, lui, leur.	*A lui, à elle, à eux, à elles*, ajoutés d'après M. Edon.
p. 169. note 1. ..... quand la chose peut être personnifiée.	Rédaction meilleure copiée sur M. Édon. Notez que l'ancienne rédaction n'était pas de Lhomond, mais de M. Deltour.
p. 169. § 249. Néant.	Exemple utile ajouté par M. Édon. Voyez comme M. Deltour l'a imité, tout en dissimulant, comme d'ordinaire.
p. 171. § 258. Néant.	Emprunt manifeste.

ÉDON	**DELTOUR (40ᵉ édition)**
106. p. 181. § 285. — Si les deux Verbes sont joints ensemble par *à* ou *de*, on n'exprime pas ces Prépositions en latin.	p. 177. § 271. — Les prépositions françaises *à*, *de*, ne s'expriment pas.
107. p. 182. § 288. — Après les Verbes qui marquent éloignement, séparation, on exprime.....	p. 178. § 274. — Lorsque deux verbes sont de suite, et que le premier exprime l'idée d'éloignement, de séparation, d'aversion, on met.....
108. p. 182. § 289. — Je reviens de me promener... *redeo ab ambulatione*..... Je revenais de visiter mes terres, *tournez*, je revenais, mes terres ayant été visitées, *redibam inspectis agris*. (La règle appliquée ici est celle de l'*Ablatif absolu*, voy. § 345.)	p. 178. note 1. — Je reviens de me promener....; je revenais de visiter mes terres..... *redeo ab ambulatione*; *redibam agris inspectis*; je revenais, mes champs ayant été visités; c'est ce qu'on appelle l'ablatif absolu (voir plus bas *Syntaxe des participes*).
109. p. 183. § 292. — *Exemple..... consumit tempus legendo* ou *in legendo*.	p. 179. § 278. — *Exemples : ..... consumit tempus legendo* ou *in legendo*.
110. p. 184. § 296. 2° — On peut aussi employer l'infinitif présent, surtout s'il s'agit d'une action que l'on présente comme habituelle.	p. 179. note 2. — Si l'action est considérée comme habituelle, on met l'infinitif.
111. p. 185. au haut. — ..... il faut tourner par l'Infinitif passif de la manière suivante : *Exemple :* J'ai vu bâtir cette maison... *Vidi hanc domum ædificari*.	p. 180. en note. — ..... le second verbe se tourne nécessairement par le passif. *Exemples :* J'ai vu construire cette maison, *vidi hanc domum ædificari*.....
112. p. 185. § 298. — ..... le relatif se met au masculin pluriel, si l'un des antécédents est du masculin, et au féminin pluriel, s'il n'y en a pas du masculin.	p. 180. § 282. — ..... le relatif se met au masculin pluriel, quand un des antécédents est du masculin, et au féminin pluriel, quand aucun antécédent n'est du masculin.
113. p. 188. § 309. 3° — M. Édon a ajouté plusieurs exemples, notamment : La faute dont je me repens... Dieu dont je suis aimé...	p. 183. § 292. — M. Deltour a ajouté deux exemples : Les fautes dont ils rougissent... Le maître dont je suis aimé...
114. p. 189. § 313. — ..... le Verbe ou l'Adjectif auquel ils servent de régime.	p. 184. § 296. — ..... le verbe ou l'adjectif dont ils sont les régimes.
115. p. 190. § 317. — Vous en êtes bien content..... *illâ valdè delectaris*.	p. 185. en haut. — Vous en êtes bien content, *illâ sanè delectaris*.

DELTOUR (AVANT LA 40ᵉ ÉDITION)	**Appréciations**
p. 172. § 259. Néant.	Emprunt manifeste, avec une légère modification, comme d'ordinaire.
p. 173. § 262. Lorsque les deux verbes sont de suite, et que le premier signifie mouvement pour venir de quelque lieu, on met...	M. Deltour corrige ici, dans sa 40ᵉ édition, d'après la grammaire de M. Édon. La remarque ci-après rendra cet emprunt encore plus manifeste.
p. 173. § 262 et 263. Je reviens de me promener, *redeo ab ambulando*. Je revenais de visiter mes terres, *redibam ab agris invisendis*.	Bien d'autres que M. Édon ont reconnu incorrects les exemples de Lhomond ; mais personne ne les avait corrigés comme lui. M. Deltour a copié littéralement tout ce passage. Procédés de traduction, latin, mot à mot, explications, parenthèse, renvoi, M. Deltour a tout pris à M. Édon.
p. 174. au haut. Exemple : ..... *consumit tempus legendo*.	*In* ajouté, comme dans la grammaire de M. Édon.
p. 174. note 1. Si l'action ne se fait pas au moment même, on met l'infinitif.	Comparez les trois livres.
p. 174. note 1. ..... le second verbe se tourne par le passif : *vidi hoc fieri*.....	Copié. Les mots *il faut* remplacés par *nécessairement*. — L'ancien exemple était de M. Deltour et non pas de Lhomond. Il était un peu moins frappant que celui de M. Édon : cela suffisait pour que M. Deltour adoptât l'exemple de M. Édon.
p. 175. § 270. ..... si les antécédents sont de différents genres, le relatif s'accorde avec le plus noble.	Copié presque textuellement. Modifications insignifiantes, comme d'ordinaire.
p. 178. § 280. Aucun de ces deux exemples.	Exemples imités de ceux de M. Édon, avec modification légère, comme d'habitude. *Les fautes.... Les fautes..... — dont je suis aimé..... dont je suis aimé*, se trouvent chez M. Deltour comme chez M. Édon. — Enfin l'idée d'ajouter deux exemples a été empruntée à M. Édon.
p. 179. § 284. ..... le verbe ou l'adjectif auquel ils se rapportent.	Modification dont l'idée est empruntée à M. Édon.
p. 180. au haut. Vous en êtes bien content, *illâ sanè contentus es*.	M. Édon avait corrigé *contentus* conformément à ce qu'il a enseigné au § 214. M. Deltour qui l'avait déjà imité sur ce point, copie dans l'exemple ci-contre le mot *delectaris* donné par M. Édon. — Voy. n° **65**.

ÉDON	**DELTOUR (40ᵉ édition)**

116. p. 192. §323.
..... *quis, quæ, quod,* ou *quisnam, quænam, quodnam.*

p. 186. §307.
..... *quis, quæ, quod,* ou *quisnam, quænam, quodnam...*

117. p. 192. §324.
Qui des deux ou *lequel des deux,* et *qui* ou *lequel,* quand on ne parle que de deux, s'expriment...

p. 187. §308.
Qui des deux ou *lequel des deux, qui* ou *lequel,* lorsqu'on ne parle que de deux, s'expriment...

118. p. 193. §327. Rem.
Qui et *que* interrogatifs, suivis d'un infinitif français, veulent toujours après eux un mode personnel en latin. On doit consulter le sens de la phrase pour savoir le mode, le temps et la personne qu'il convient d'employer.

Exemples : Qui avertir ? (tournez suivant le sens : qui avertirai-je ? qui avertirons-nous ? qui avertirais-je ? qui avertirions-nous ?) *Quem monebo* ou *monebimus ; moneam* ou *moneamus ?*

Que faire ? *Quid faciam* ou *faciemus,* ou *faciamus ?*

p. 188. §314.
Souvent en français *qui, que* interrogatifs sont suivis de l'infinitif. En latin il faut employer un mode personnel, en choisissant le mode, le temps et la personne qu'indique le sens de la phrase.

Exemples : Qui appeler ? tournez selon le sens, qui appellerai-je ? qui appellerons-nous ? qui appellerais-je ? qui appelleriez-vous ? Quem vocabo ? quem vocabimus ? quem vocem ? quem vocetis ?

Que dire ? *Quid dicam ?* ou *dicemus ?* ou *dicamus ?*

119. p. 193. §327. fin de la rem.
(On observe la même règle avec les autres mots interrogatifs, suivis d'un infinitif français, comme *pourquoi, comment,* etc.)

p. 188. note 2.
La même règle s'applique à tous les mots interrogatifs, qui se construisent en français, avec l'infinitif, tels que *où, comment, pourquoi ?*

120. p. 185. §333.
Quand on répond à une demande par un Nom ou un Pronom, on le met...

p. 189. §318.
Le nom ou pronom de la réponse se met...

121. p. 195. §324.
A qui appartient-il de parler ? — A toi. *Cujus est loqui ?* — *Tuum.* (On doit dire *tuum est loqui.* Voy. §279.)

A qui importe-t-il ? — A moi. *Cujusnam interest ?* — *Meâ.* (On doit dire *meâ interest.* Voyez §274.)

p. 190. au haut.
A qui appartient-il de parler ? A vous. *Cujus est loqui ? tuum.* (On dit *meum est loqui,* voir §267.)

A qui importe-t-il ? A moi. *Cujusnam interest ?* — *Meâ.* (On dit *interest meâ,* voir §262.)

122. p. 199. §344.
A cet endroit, M. Edon a introduit un paragraphe qui manquait dans Lhomond. — Ce paragraphe est à peu près le même que le §93 de la grammaire de M. Edon.

..... par le participe présent, quand il exprime une action qui a lieu en même temps qu'une autre.

. . . . par le gérondif en *do,* quand il exprime une action qui est la cause d'une autre.

p. 192. §328.
A cet endroit, M. Deltour a introduit un paragraphe qui manquait dans Lhomond. Ce paragraphe est à peu près le même que le §98 de la grammaire de M. Deltour.)

..... par le participe présent, quand il exprime une action qui se fait ou s'est faite en même temps qu'une autre.....

Mais si *en* indique une action qui est ou a été la cause ou le moyen d'une autre, on traduit le participe français par le gérondif en *do.*

DELTOUR (AVANT LA 40ᵉ ÉDITION)	**Appréciations**
p. 181. § 295.	..... *quis, quæ, quid* (*quod* avec un nom) ou *quisnam, quænam, quidnam* (*quodnam* avec un nom).	Comparez M. Deltour avec lui-même et avec M. Édon.
p. 182. § 296.	*Qui des deux* ou *lequel des deux* s'expriment...	Copié. — (*Lorsque* remplace *quand*, selon un procédé familier à M. Deltour.)
p. 183. note 2.	Souvent en français *qui* et *que* interrogatifs se construisent avec l'infinitif : *Qui appeler ? Que dire ?* En latin, il faut toujours qu'après ces pronoms interrogatifs le verbe soit à un mode personnel. On traduira, selon le sens de la phrase : *Quem vocabo, vocem* ou *vocabimus, vocemus ?* — *Quid dicemus, dicamus* ou *dicam ?*	Cette remarque de M. Édon se rencontre ailleurs que dans son livre. On la trouve dans l'ancienne édition de M. Deltour ; on la trouve aussi dans la grammaire de Villemeureux, p. 271, § 341, en note, etc., etc. Mais, nulle part, elle n'est présentée d'une manière aussi précise, aussi méthodique que dans le livre de M. Édon. On peut voir, en comparant M. Deltour avec lui-même, et ensuite avec M. Édon, combien le premier a profité du travail du second. La règle est présentée de la même manière. Les exemples de M. Deltour sont calqués sur ceux de M. Édon. Remarquez au contraire combien sont différents les exemples de l'ancienne édition de M. Deltour.
p. 183. note 2.	De même ces phrases : *Pourquoi tarder, pourquoi dissimuler*, doivent se traduire ainsi.....	Sur ce point aussi voyez combien M. Deltour a modifié sa rédaction, et à quel point il a imité M. Édon.
p. 184. § 305.	La réponse se met...	Imitation évidente.
p. 184. § 307.	A qui appartient-il de parler ? A vous. *Cujus est loqui ? tuum* (voir § 255). A qui importe-t-il ? A moi. *Cujusnam interest ? meâ* (voir § 249).	Le procédé de M. Édon a été copié servilement. Remarquez une variante assez malheureuse : *Cujus est loqui ? tuum* (on dit *meum est loqui*). Il aurait fallu *tuum est loqui*, puisqu'il s'agit de justifier l'emploi du mot *tuum*. Voy. M. Édon, même passage.
p. 187. § 315.	**Ce paragraphe manque ici.** M. Deltour avait dit, page 92, § 88, note 1. On emploie le gérondif lorsqu'on veut exprimer qu'une chose se fait par le moyen d'une autre. Mais cette phrase, il se promène *en lisant*, devra se traduire ainsi, *ambulat legens*, parce que la promenade n'est pas la conséquence de la lecture.	M. Deltour a emprunté à M. Édon : 1° l'idée d'ajouter ce paragraphe ; 2° la rédaction même de ce paragraphe, avec modifications insignifiantes. — Voy. n° **22**.

ÉDON	**DELTOUR (40ᵉ édition)**

123. p. 201. § 347.

..... il y a trente Prépositions qui gouvernent l'Accusatif, douze qui gouvernent l'Ablatif, et quatre qui gouvernent tantôt l'Accusatif, tantôt l'Ablatif.

p. 193. § 331.

..... il y a trente prépositions qui gouvernent l'accusatif, douze qui gouvernent l'ablatif, et quatre qui gouvernent tantôt l'accusatif et tantôt l'ablatif.

124. p. 202. § 350.

(M. Édon a supprimé l'exemple : *Il est éloigné de vingt pas.*)
M. Édon a ajouté l'exemple suivant :
La plaine a trois mille pas de long, *campus tria millia passum in longitudinem patet* (mot à mot : s'étend à trois mille pas en longueur).

p. 194. § 333.

(M. Deltour a supprimé l'exemple : *Il est éloigné de vingt pas.*)
M. Deltour a ajouté l'exemple suivant :
Cette forêt a une longueur de dix mille pas, *hæc silva decem millia pedum in longitudinem patet.*
(C'est-à-dire s'étend de dix mille pas en longueur.)

125. p. 202. § 353. et 354.

(M. Edon a partagé en deux le paragraphe de Lhomond et l'a modifié complètement.
Le Nom qui marque la distance se met à l'Accusatif ou à l'Ablatif sans Préposition, mais mieux à l'Accusatif.
Exemple : Il est éloigné de vingt pas, *abest* ou *distat viginti passus*.....
Quant au lieu à partir duquel on compte la distance, on le met à l'Ablatif avec *a* ou *ab.*
Exemple : Il est tombé à dix pas d'ici, *decem passus ab hoc loco cecidit.*

p. 195. § 335.

(M. Deltour a partagé en deux le paragraphe de Lhomond et l'a modifié complètement.)
Le nom qui marque la distance se met à l'accusatif ou plus rarement à l'ablatif.
Exemple : Il est éloigné de vingt pas, *abest* ou *distat viginti passus* ou *passibus.*
Le lieu à partir duquel on calcule la distance se met à l'ablatif avec *a* ou *ab.*
Exemples :.... Il est tombé à dix pas d'ici, *decem ab hoc loco passus* ou *passibus cecidit.*

126. p. 203. en *titre.*

Noms de l'instrument.....
..... de la partie, de l'origine.

p. 195. en *titre.*

Noms de l'instrument.....
..... de la partie, de l'origine.

127. p. 203. § 355.

..... le Nom de la partie, et le Nom qui indique l'origine, se mettent...

p. 195. § 336.

..... le nom de la partie et le nom qui indique l'origine se mettent.....

128. p. 203. au bas.

Nom de l'origine.....
..... issu d'une famille obscure, *humili loco ortus.*

p. 195. au bas.

Nom de l'origine : Il était issu d'une famille obscure, *humili genere ortus erat.*

129. p. 207. § 363.

..... le Nom de temps se met à l'Accusatif avec *intra*, mais plus souvent à l'Ablatif sans Préposition.....
. . . .

p. 198. § 342.

Le nom de temps se met à l'accusatif avec *intra*, ou plus souvent à l'ablatif sans préposition.
. . . .

130. p. 207. § 365.

Pour suivi d'un nom de temps, et servant à marquer *pour combien de temps, pour quel temps* une chose se fait, s'est faite ou se fera.....

p. 198. § 344.

Quand on veut indiquer *pour quel temps* ou *pour combien de temps* une chose se fait, s'est faite ou doit se faire...

DELTOUR (AVANT LA 40ᵉ ÉDITION)	**Appréciations**
p. 189. § 318. Il y a trente prépositions qui gouvernent l'accusatif et quinze qui gouvernent l'ablatif.	Copié littéralement.
p. 190. § 320. Il est éloigné de vingt pas... Cet exemple manque.	M. Deltour a supprimé l'exemple qu'avait supprimé M. Édon. Il a imité l'exemple que M. Édon avait ajouté. Les modifications qu'il a introduites ne suffisent pas à dissimuler l'emprunt. Remarquez la traduction *in longitudinem patet*, la parenthèse explicative. — Une erreur prouve que cet exemple a coûté peu de travail à M. Deltour. Il a traduit *pas* par *pedum*. Cela a été écrit à main-levée.
p. 190. § 322. (Un seul paragraphe.) Le lieu précis où une chose est arrivée se met à l'ablatif sans préposition, ou à l'accusatif avec *ad*, et alors on se sert du nombre ordinal *primus, secundus, tertius*. Exemple : Il est tombé à dix pas d'ici, *cecidit decimo passu* ou *ad decimum passum*. (M. Deltour, note 4 de la page 190, se borne à corriger l'*abhinc* de Lhomond. Il ajoute : « Le sens est clair » sans que l'on exprime *d'ici*. On » pourrait encore traduire ce mot par » *hinc.* »)	Encore une division de paragraphe imaginée par M. Édon et empruntée par M. Deltour. Règle modifiée selon la rédaction de M. Édon. Au § 333 M. Deltour avait, comme M. Édon, supprimé : *Il est éloigné de vingt pas.* Comme M. Édon, il a transporté ici ce même exemple. Remarquez que dans sa règle M. Deltour a, comme M. Édon, à peu près condamné l'emploi de l'ablatif, et pourtant il donne l'ablatif *passibus* dans son exemple. Cela ne prouve-t-il pas que la rédacion de sa règle a été faite à la légère et improvisée en lisant la règle de M. Édon ? — Quant à la seconde partie de ce passage, il est facile de voir qu'il a été copié aussi sur M. Édon. Dans son ancienne édition, M. Deltour paraissait ne pas savoir comment corriger l'*abhinc* de Lhomond. Il proposait de ne pas le rendre ou de le traduire par *hinc*. Dans sa 40ᵉ édition il s'est montré moins indécis : il a copié *ab hoc loco* sur M. Édon.
p. 191. en *titre*. Noms de l'instrument..... ..... de la partie (et c'est tout).	Copié.
p. 191. § 323. ..... et le nom de la partie, se mettent...	Copié.
p. 191. § 323. Néant.	Copié. Le mot *genere* remplace le mot *loco*, pour dissimuler l'emprunt.
[p. 194. § 329. Le nom de temps se met à l'ablatif ou à l'accusatif avec *intra*.	M. Deltour, à l'exemple de M. Édon, a modifié sa règle. Sa règle nouvelle est littéralement copiée.
p. 194. note 2. Quand on veut indiquer pour *quel temps* ou *pour combien de temps* une chose doit se faire.....	L'ancienne règle de M. Deltour avait été ajoutée par lui en note. Elle n'était pas assez précise. M. Édon lui a fourni une rédaction nouvelle.

ÉDON	DELTOUR (40ᵉ édition)

131. p. 207. § 366. — Le Nom qui marque le lieu peut servir de réponse à l'une des quatre questions suivantes :
1° Où êtes-vous ? (question *ubi*) ;
2° Où allez-vous ? (question *quò*) ;
3° D'où venez-vous ? (question *undè*) ;
4° Par où passez-vous ? (question *quà*).

p. 198. § 345. — On peut au sujet des noms qui marquent le lieu....., faire quatre questions :
Où es-tu ? Où est-il ? etc. (question *ubi*) ;
Où vas-tu ? Où va-t-il ? etc. (question *quò*) ;
D'où viennent-ils ? etc. (question *undè*) ;
Par où allez-vous ? etc. (question *quà*).
C'est ce qu'on nomme les questions de lieu. Le nom de lieu y fait réponse.

132. p. 208. § 371. — Les Noms d'îles suivent la règle des Noms de villes.
Exemple : Il vécut à Salamine, *vixit Salamine.....*

p. 199. § 350. — Les noms propres d'îles suivent la règle des noms de villes.
Exemples : Ils ont vécu à Salamine, *vixerunt Salamine.....*

133. p. 209. au haut. rem. — Il faut excepter les cinq noms suivants : *Hibernia*, l'Hibernie (l'Irlande) ; *Britannia*, la Bretagne, l'Angleterre ; *Sardinia*, la Sardaigne ; *Sicilia*, la Sicile ; *Eubœa*, l'Eubée, qui, étant des noms de grandes îles, se mettent, comme les Noms de contrée, à l'Ablatif avec *in*.

p. 200. au haut. — Cependant les noms suivants : *Britannia*, la Grande-Bretagne ; *Eubœa*, l'Eubée ; *Hibernia*, l'Irlande ; *Sardinia*, la Sardaigne ; *Sicilia*, la Sicile, se construisent avec la préposition.

134. p. 209. § 372. — ..... ces mots : *à la maison, à terre, à la campagne*, s'expriment par *domi, humi, ruri.*

p. 200. 2° — Les expressions : *à la maison, à terre, à la campagne*, se rendent ainsi : *domi, humi, ruri.*

135. p. 209. § 372. — On dit aussi *militiæ* ou *belli*, à l'armée, en temps de guerre, mais seulement quand ces mots sont opposés à *domi*, qui signifie alors : à la ville, en temps de paix.

p. 200. 2° — On dit aussi *militiæ, belli*, en temps de guerre, mais seulement quand ces mots sont opposés à *domi*, signifiant dans les foyers, pendant la paix.

136. p. 209. § 373. — Le Nom de la personne chez laquelle on est, se met...

p. 200. § 351. — Le nom de la personne chez laquelle on est, se met...

137. p. 209. § 374. — (Paragraphe ajouté par M. Edon.) On met encore à l'Accusatif avec *apud* ou *ad* le Nom du lieu près duquel on est.
Exemples : Etre assis près du feu, *sedere ad focum* ; les Romains furent vaincus à Cannes, *Romani victi sunt apud Cannas.*

p. 200. § 352. — (Paragraphe ajouté par M. Deltour.) Le nom du lieu..... près duquel on est, se met aussi à l'accusatif avec *apud* ou *ad*.
Exemples : Les Romains furent vainqueurs à Zama, *Romani apud* ou *ad Zamam vicerunt.* — Ils étaient assis près d'une source, *ad* ou *apud fontem sedebant.*

<table>
<tr><th>DELTOUR (AVANT LA 40ᵉ ÉDITION)</th><th>Appréciations</th></tr>
<tr><td>

p. 194.
note 3.

On peut se faire à propos d'un lieu quatre questions :
1° Où suis-je ? où es-tu ?
2° Où vas-tu ? où va-t-il ?
3° D'où viennent-ils ?
4° Par où allez-vous ?
C'est ce qu'on nomme les questions de lieu. Le lieu où l'on est c'est la question *ubi* ; le lieu où l'on va c'est la question *quò*, etc.

</td><td>

Dans son ancienne édition, M. Deltour avait complété Lhomond, en note. Sa rédaction était confuse : il l'a transformée d'après M. Édon.
Remarquez surtout les quatre parenthèses (question *ubi*), etc., etc. — Et cette phrase : *Le nom de lieu y fait réponse.* M. Édon avait dit : *Le nom qui marque le lieu peut servir de réponse.*

</td></tr>
<tr><td>

p. 195.
note 2.

On trouve aussi au génitif : *Cypri*, en Chypre ; *Lesbi*, dans l'île de Lesbos.

</td><td>

Cette règle se trouve dans toutes les grammaires récentes. Mais l'exemple de M. Édon a été copié par M. Deltour. — Remarquez qu'avant 1869, M. Deltour semble avoir cru qu'on ne mettait au génitif que le nom de l'île de Lesbos et celui de l'île de Chypre. Car la rédaction de son ancienne règle est de lui et non de Lhomond.

</td></tr>
<tr><td>

p. 195.

Néant.

</td><td>

L'emprunt de ce passage est peut-être ce qu'il y a de plus criant dans cette longue liste de règles copiées par M. Deltour sur M. Édon. Nulle part, ni en France ni à l'étranger, cette remarque ne se trouve dans les grammaires *antérieures* à M. Édon. M. Édon n'a pu fixer ce point de grammaire latine qu'au prix de longues et laborieuses recherches. Cependant, dès 1869 (25ᵉ édition), M. Deltour se l'appropriait.

</td></tr>
<tr><td>

p. 195.
§ 336.
note 4.

Les noms *domus*, *humus*, se mettent aussi au génitif, *domi*, à la maison ; *humi*, à terre. L'expression *à la campagne* se traduira par *ruri*, vieille forme d'ablatif de *rus*.

</td><td>

L'ancienne rédaction de M. Deltour lui appartient bien ; elle n'est pas de Lhomond, au moins pour la seconde partie. — Pourtant il l'a corrigée dès qu'il a eu entre les mains la grammaire de M. Édon. Comparez : c'est copié mot à mot.

</td></tr>
<tr><td>

p. 196.
au haut.
note 1.

On dit aussi *militiæ*, *belli*, en temps de guerre (1).
(1) *Militiæ*, *belli* ne peuvent s'employer seuls. Ils doivent être rapprochés du mot *domi*, signifiant à la ville, pendant la paix.

</td><td>

L'ancienne rédaction de M. Deltour pouvait suffire à la rigueur. Celle de M. Édon lui a paru plus précise. Il s'est empressé de la copier.

</td></tr>
<tr><td>

p. 196.
§ 337.

Le nom de la personne se met...

</td><td>

Copié mot à mot.

</td></tr>
<tr><td>

p. 196.

Néant.

</td><td>

Imitation manifeste.
(La règle et les exemples avaient été ajoutés par M. Édon.)
Remarquez que les deux exemples sont imités de M. Édon. Ils appartiennent au même ordre d'idées.
Les Romains..... Les Romains.
Être assis........ Étaient assis.
Tous les exemples ajoutés par M. Édon et empruntés par M. Deltour, au lieu d'être complètement différents, sont des imitations plus ou moins manifestes.

</td></tr>
</table>

	ÉDON		**DELTOUR (40ᵉ édition)**
138. p. 210. § 377.	On sous-entend la Préposition *in* devant les noms propres de villes...	p. 201. § 355.	On sous-entend la préposition *in* quand c'est un nom propre de ville...
139. p. 210. § 378.	Je vais à Lesbos, *Eo Lesbum.*	p. 201. § 355.	J'irai... à Lesbos, *ibo... Lesbum.*
140. p. 210. § 378. rem.	.....*petere* qui est actif et signifie *gagner (un lieu).*	p. 201. § 356.	.....*petere* est un verbe actif et signifie *gagner (un lieu).*
141. p. 210. note 2.	Quant à la Préposition *ad,* elle reste exprimée devant les noms de villes et d'îles, pour indiquer qu'on s'approche du lieu, mais qu'on n'y entre pas...	p. 201. note 1.	On conserve la préposition *ad* devant les noms propres de ville ou d'île, quand on s'approche du lieu, sans y entrer.
142. p. 211. § 381.	.....à l'Ablatif avec *e* ou *ex* quand on sort du lieu ; et avec *a* ou *ab,* quand on était, non pas dans ce lieu, mais auprès de ce lieu, et qu'on s'en éloigne. · · · · · · · · · · · Il s'éloigne du fleuve, *discedit a flumine.*	p. 201. § 359.	.....à l'ablatif avec *e* ou *ex* quand on sort de ce lieu ; et avec *a* ou *ab* quand on était auprès de ce lieu e qu'on s'en éloigne. · · · · · · · · · · · Il s'éloigne de la ville, *discessit ab urbe.*
143. p. 211. § 382.	On sous-entend la Préposition *e* ou *ex* devant les noms propres de villes...	p. 202. § 360.	On sous-entend la préposition *ex,* quand c'est un nom propre de ville...
144. p. 211. note 1.	Quant à la Préposition *a* ou *ab,* elle reste exprimée, devant les Noms propres de villes et les Noms d'îles, pour indiquer qu'on s'éloigne d'un lieu près duquel on était. Exemple : Annibal s'éloigna de Rome, *Annibal a Roma discessit.*	p. 202. § 360.	Mais on conserve la préposition *a* ou *ab,* qui indique l'éloignement. Exemples... Je m'éloigne de Rome (près de laquelle je suis), *Discedo a Romá.*
145. p. 212. § 387.	Je passais par la voie Sacrée, *ibam viā Sacrā.*	p. 202. § 363.	Je passais par la voie Sacrée, *ibam viā Sacrā.*
146. p. 212. rem.	.....on met l'Accusatif avec ou sans *per.* .....*transiit urbem* ou *per urbem.*	p. 202. § 364.	.....on met l'accusatif avec ou sans la préposition *per.* .....*transiit urbem* ou *per urbem.*
147. p. 212 et 213. § 389.	Quand après un Nom propre de ville ou d'île, se trouve le Nom commun, *ville, endroit, île,* etc.	p. 203. § 366.	Quand après un nom propre de ville ou d'île, se trouve le nom commun *ville, endroit, île...*
148. p. 213. § 390.	Il demeure... dans l'île de Lesbos, *habitat... in insulā Lesbo.*	p. 203. § 367.	Il demeure... *habitat...* dans l'île de Lesbos, *in insulā Lesbo.*

DELTOUR (AVANT LA 40ᵉ ÉDITION)	**Appréciations**
p. 196. § 340. On sous-entend la préposition quand c'est un nom propre de ville.	Addition du mot *in*. Cette addition est fort importante; car plus bas M. Deltour enseignera, à l'exemple de M. Edon, que la préposition *ad* ne se supprime pas.
p. 196. § 340. Néant.	Copié.
p. 197. note 1. *Peto*, verbe actif, signifie *gagner un lieu*.	Pourquoi mettre *un lieu* entre parenthèse? Parce que M. Edon l'a mis. Remarquez combien l'ancienne note de M. Deltour était mal rédigée : *Peto* signifie gagner un lieu. Il fallait remplacer *peto* par *petere* et montrer par la parenthèse que ce verbe signifie *gagner* et non pas *gagner-un-lieu*.
p. 197. Néant.	Note sur la préposition *ad* copiée sur M. Edon.
p. 197. § 344. note 2. .....à l'ablatif avec *e* ou *ex*. Pour exprimer qu'on s'éloigne d'un lieu, on emploie *a* ou *ab*. Exemple : Il s'éloigne de la ville, *ab urbe proficiscitur*.	Remarquez la différence des deux rédactions dans M. Deltour, et comme il a copié M. Edon. — Jusqu'à son exemple, où il avait mis *proficiscitur*, et où il remplace ce verbe par *discessit* (M. Edon avait mis *discedit*.
p. 197. § 345. On sous-entend la préposition quand c'est un nom propre de ville...	Addition de *ex*, à l'exemple de M. Edon, pour la même raison qu'on a ajouté plus haut le mot *in*.
p. 197. Néant.	Emprunt manifeste. (Cette règle est ajoutée à Lhomond par M. Edon.) Exemple copié (*Je* remplace *Annibal*).
p. 193. note 1. Je me promenais par la voie Sacrée, *ibam via Sacrā*.	Cet exemple et le précédent (non cité à cet endroit) se trouvent partout. (Voy. Villemereux, p. 295 et Dutrey, p. 345). Ce qu'on fait remarquer, c'est que, dans son ancienne édition, M. Deltour avait dit : *je me promenais*; dans sa 40ᵉ édition, il change et dit *je passais*, comme M. Edon.
p. 198. § 349. .....on met l'accusatif sans la préposition *per*. .....*transiit urbem*.	Emprunt manifeste, après tant d'autres suffisamment prouvés.
p. 198 et 199. § 351. Quand après un nom propre de ville se trouve le nom commun *ville*, *endroit*.	Le mot *île* ajouté, comme chez M. Edon.
p. 199. § 352. Cet exemple manque.	Exemple copié.

	ÉDON		**DELTOUR. (40ᵉ édition)**
149.	p. 217. § 404.	*Dum*, signifiant *pendant que, tandis que*, et *Dum, donec, quoad* signifiant *tant que*, veulent toujours l'indicatif. Tant qu'il fut heureux, *donec* ou *quoad fuit felix*.	p. 207. § 380.	*Dum* signifiant *tandis que, tant que*, gouverne généralement l'indicatif même devant l'imparfait. Il en est de même de *donec* et *quoad*, dans le sens de *tant que*... Tant que j'étais heureux, *donec eram felix*.
150.	p. 221. § 419.	*Antequam, priusquam*, avant que, veulent le présent, l'imparfait et le plus-que-parfait du subjonctif français aux mêmes temps du subjonctif latin.	p. 209. § 387.	*Antequam* et *priusquam* avant que, gouvernent le subjonctif.
151.	p. 225. fin du § 424.	.....celle qui est jointe à une autre par un Pronom relatif, ou par des Conjonctions qui régissent un mode, comme *parce que, si, pendant que, après que*, etc.	p. 212. § 392.	.....celle qui est jointe à une autre par un pronom relatif, ou par une des conjonctions *parce que, lorsque, avant que, après que, si*, etc.
152.	p. 235. § 447. 1°.	M. Edon a ajouté à Lhomond l'exemple suivant : Je ne crains pas qu'il vienne...	p. 221. § 418.	M. Deltour a ajouté à Lhomond l'exemple suivant : Je ne crains pas qu'il parte...
153.	p. 235. § 447. 2°.	M. Edon a ajouté à Lhomond l'exemple suivant : Je ne crains point qu'il ne vienne pas, *non timeo ne non veniat*.	p. 221. § 419.	M. Deltour a ajouté à Lhomond l'exemple suivant : Je ne crains pas qu'il ne puisse venir, *non timeo ne non venire possit*.
154.	p. 235. § 449.	Après les Verbes *cavere*, prendre garde ; *dissuadere*, dissuader...	p. 221. § 419.	Après les verbes *cavere*, prendre garde, *dissuadere*, dissuader.
155.	p. 236. § 452.	Après *se garder bien de, n'avoir garde de*, en latin *non committere*, on exprime...	p. 222 § 424.	Après *se garder bien de..., n'avoir garde de*, en latin *non committere*, on exprime...
156.	p. 237. § 455.	.....et le régime du verbe *empêcher* devient le sujet du second verbe.	p. 223. § 427.	.....et le régime du verbe *empêcher, défendre*, etc., sert de sujet au second verbe.
157.	p. 238. rem.	Si l'on se sert de *prohibere*, il est préférable de mettre le Verbe suivant à l'infinitif.	p. 223. note 1.	Avec le verbe *prohibere*, on emploierait plutôt l'infinitif.
158.	p. 238. rem.	Exemple : Cela m'empêche de sortir de chez moi, *hoc me prohibet domo exire*.	p. 223. note 1.	.....*valetudo prohibet nos domo exire*.

DELTOUR (AVANT LA 40ᵉ ÉDITION)	**Appréciations**
p. 204. § 365.	*Dum* signifiant *tandis que* gouverne généralement l'indicatif même devant l'imparfait.	Règle modifiée d'après M. Edon.
	Cet exemple manque.	Exemple copié (*je* remplace *il*).
p. 204. note 2. fin.	*Priusquam,* avant que..., gouvernent l'indicatif.	M. Deltour suit-il bien la règle de *priusquam?* Anciennement, il disait que cette conjonction veut l'indicatif. Aujourd'hui, il enseigne, à cette place, qu'elle gouverne le subjonctif, et il donne l'exemple suivant : *non proficiscar antequam* ou *priusquam scripserim* (ce qui est un solécisme). Il a mal lu la règle de M. Edon, ou il a différé d'avis avec lui. — Plus loin (p. 256, § 338), il le lit plus attentivement, ou la lumière se fait dans son esprit et il dit : *non proficiscar priusquam te videro,* en copiant sur M. Edon tout le passage. Toutes ces contradictions ne condamnent-elles pas M. Deltour?
p. 208. § 372.	.....celle qui est jointe à une autre par un de ces mots *qui, pour, si,* etc.	Imitation manifeste.
p. 217. § 391.	Cet exemple manque.	Exemple imité.
p. 217. § 392.	Cet exemple manque.	Exemple imité.
p. 217. § 394.	Après les verbes *prendre garde, dissuader.*	M. Edon a modifié la rédaction de Lhomond; M. Deltour la change de la même manière. Voir ci-après.
p. 218. § 397.	Après *se garder bien de..., n'avoir garde de,* on exprime...	M. Edon modifie d'une autre façon la rédaction de Lhomond; M. Deltour procède exactement comme M. Edon. Voir ci-après.
p. 219. § 400.	.....et le régime de la personne sert de sujet au second verbe.	M. Edon modifie encore autrement Lhomond; M. Deltour change le texte de Lhomond de la même manière que M. Edon.
p. 219. note 3.	*Prohibere* se trouve souvent avec l'infinitif.	M. Edon trouve aujourd'hui que sa remarque est trop affirmative. Cicéron construit souvent, très souvent *prohibere* comme *impedire.* (Voy. *Rosc-Am.,* 52; *Cæcil.,* 10; *Fam.,* 12, 5). M. Deltour avait mieux dit dans son ancienne note. Mais il a lu la remarque de M. Edon, et s'est empressé de l'imiter.
p. 219. § 400.	. . . .*valetudo prohibet ne domo exeamus.*	L'exemple de M. Edon a été emprunté à Cicéron (*qui Bibulum exire domo prohibuissent*). Celui de M. Deltour avait été créé par lui. Il ne l'a pas cru assez correct, et l'a modifié d'après celui de M. Edon.

ÉDON	DELTOUR (40ᵉ édition)
159. p. 238. § 458. Lorsque *défendre* signifie *ordonner de ne pas faire une chose*, il s'exprime par *vetare*. On suit alors la règle du *que* retranché, et le Verbe suivant se met toujours au présent de l'infinitif latin.	p. 224. § 429. Lorsque *défendre*, au lieu du sens de *mettre obstacle*, a celui de *commander de ne pas faire*, il s'exprime par *vetare*, et le verbe suivant se met au présent de l'infinitif.
160. p. 238. § 458. (Le verbe *vetare* suit les mêmes règles que le verbe *jubēre*).	p. 224. § 429. Le verbe *vetare* suit les règles de son opposé *jubere*.
161. p. 241. § 466. .....*ne*, que l'on place après le mot devant lequel on mettrait *num*...	p. 226. § 439. .....*ne* (après le mot devant lequel on placerait *num*)...
162. p. 247. § 483. Cicéron était admiré quand il parlait, *omnes admirabantur Ciceronem quum dicebat.*	p. 232. § 455. Cicéron était admiré quand il parlait, *admirabantur Ciceronem quum dicebat.*
163. p. 250. en note. On croirait, *credas* ou *credideris.*	p. 233. note 1. On croirait, *credas* ou *credideris.*
164. p. 251. § 496. Il me semble que vous êtes malade ; *tournez*, vous me semblez être malade, *Mihi videris ægrotare.*	p. 235. § 470. Il me semble que vous êtes malade ; *tournez* : vous me semblez être malade, *Mihi videris ægrotare.*
165. p. 253. titre. Pronom personnel *il, elle, le, la, les, lui, leur, eux.*	p. 237. titre. *Pronoms personnels*, il, elle, le, la, les, lui, leur, eux.
166. p. 254. § 500. .....exprimez *il* par *is, ea, id* ou *ille, illa, illud.*	p. 238. § 475. .....exprimez *il* par *is, ea, id* ou *ille, illa, illud.*
167. p. 255. titre. Pronom adjectif possessif : *Son, sa, ses, leur, leurs.*	p. 238. titre. Pronom adjectif possessif : Son, sa, ses, leur, leurs.
168. p. 256. § 505. Quand plusieurs sujets sont joints ensemble par les Conjonctions *et, ou, ni*, ils appartiennent chacun à un membre de phrase différent... Tibérius Gracchus et son frère furent tribuns, *Tiberius Gracchus et ejus frater fuerunt tribuni.*	p. 239. § 481. Quand deux sujets ou deux régimes sont unis en français par les conjonctions, *et, ou, ni*, ils appartiennent en réalité à deux propositions distinctes... Publius Scipion et son frère furent consuls, *Publius Scipio et frater ejus fuerunt consules.*

<table>
<tr><td>DELTOUR (AVANT LA 40e ÉDITION)</td><td>Appréciations</td></tr>
</table>

DELTOUR (AVANT LA 40ᵉ ÉDITION)	Appréciations
p. 219. note 3.	Pour traduire le mot *défendre* dans son sens le plus absolu, il faudrait employer *vetare*... .....Le verbe *vetare* se construit habituellement avec l'infinitif.	Comparez les trois rédactions et voyez comme celle de M. Édon a été imitée par M. Deltour. Le mot *habituellement* de l'ancienne édition de M. Deltour a été retranché dans la nouvelle, à cause du mot *toujours* de M. Edon.
p. 219. note 3.	Comme son opposé *ordonner*, le verbe *défendre* est toujours suivi en français d'un infinitif actif, que l'on tourne en latin par le passif, quand le sens l'exige.	Voyez combien la nouvelle rédaction diffère de l'ancienne. En outre, M. Deltour rejette sa remarque sur *vetare* à la suite de ses exemples, exactement comme l'observation entre parenthèses de M. Edon.
p. 222. § 410.	.....ne (après un mot)...	Explication copiée. — Cette rédaction est toute nouvelle. (Voy. n° **23**.) M. Deltour se l'est appropriée partout où elle était de mise (sauf dans une note qu'il a réimprimée sans correction, parce que cette note n'a pas son équivalent dans la grammaire de M. Edon. — Voyez la 9ᵉ ligne des notes de la page 286. Ces notes contiennent plusieurs fautes.)
p. 228. § 426.	Cicéron était admiré quand il parlait, *admirabantur Ciceronem quum diceret*.	*Quum dicebat* : emprunt manifeste.
p. 230.	Néant.	Copié.
p. 231. § 440.	Il paraît que vous êtes malade, *tournez* : vous paraissez être malade, *videris ægrotare*.	Exemple modifié par M. Edon. M. Deltour a copié M. Edon. Le français était à changer, mais le latin de Lhomond était irrépréhensible. M. Edon a ajouté *mihi*, sans qu'il puisse bien dire pourquoi. Cette addition a été reproduite par M. Deltour.
p. 233. titre.	Il, elle, le, la, lui, leur, *qu'il faut quelquefois tourner en latin par soi, à soi*...	M. Edon a changé le titre de Lhomond. M. Deltour a copié mot à mot M. Edon. M. Edon a ajouté à la liste de Lhomond *les, eux*. M. Deltour a ajouté ces deux mots. Plus bas, dans la règle, M. Edon a ajouté aussi bien entendu *les, eux*. M. Deltour qui avait fait cette addition dans le titre d'une façon presque inconsciente, a passé le mot *les*, dans la règle.
p. 234. § 445.	... .exprimez *il* par *ille, illa, illud*.	*Is, ea, id*, ajouté par M. Edon, puis par M. Deltour.
p. 234. 2°.	Son, sa, ses, leur, leurs, *qu'il faut quelquefois tourner en latin par de lui*...	Titre copié sur M. Edon, d'une façon bien malheureuse. En effet, M. Edon a disposé ainsi son titre : PRONOM ADJECTIF POSSESSIF SON, SA, SES, LEUR, LEURS et plus loin : LE SIEN, LA SIENNE, LE LEUR, LA LEUR (Ce qui indique que, dans ce chapitre, il est question d'un possessif pronom : *le sien*..., et d'un possessif adjectif : *son*...) M. Deltour, qui copie sans comprendre, dispose ainsi son titre : PRONOM ADJECTIF POSSESSIF : *Son, sa, ses, leur, leurs*. et il rejette *le sien, la sienne*, dans une note perdue au bas d'une page. — Pour lui, évidemment, *son, sa, ses, leur, leurs*, sont à la fois adjectifs et pronoms. — Erreur bien grosse et preuve bien convaincante !
p. 235. note 1.	On dirait : J'ai vu Pierre et son frère, *vidi Petrum et fratrem ejus*. Il y a ici, en réalité, deux propositions distinctes...	Règle copiée.

	ÉDON		**DELTOUR (40ᵉ édition)**
169. p. 257. § 506.	M. Edon a ajouté à Lhomond le paragraphe suivant : Les Pronoms possessifs *le sien, la sienne, le leur, la leur,* s'expriment comme les Adjectifs *son, sa, ses, leur, leurs,* dont ils suivent toutes les règles. .....*prodidit suam* (on sous-entend *patriam.* . . . . Il est souvent nécessaire d'exprimer le Nom auquel se rapporte *le sien, la sienne,* etc., quand on traduit ces Pronoms par *ejus, eorum, earum.*	p. 240. note 1.	M. Deltour a ajouté à Lhomond le paragraphe suivant, dans ses notes. *Le sien, la sienne, le leur, les leurs,* suivent les mêmes règles que *son, sa, ses.* .....*quàm de suà* (sous-entendu *vità*). Souvent quand *le sien, la sienne,* se traduisent par *ejus, eorum,* etc., il est nécessaire de répéter le nom.
170. p. 257. § 507.	.....devant *sum, eram,* etc., *sim, essem,* etc..... devant *esse* mis pour appliquer la règle du *que retranché.*	p. 240. § 482.	.....devant *sum, eram,* etc., *sim, essem,* etc... devant *esse,* mis d'après la règle du *que retranché.*
171. p. 558. § 508	M. Edon a déplacé le paragraphe : *Quand tel peut se tourner par de cette sorte...,* mis par Lhomond après le troisième paragraphe suivant.	p. 241. § 484.	M. Deltour a déplacé ce même paragraphe. Il l'a mis exactement comme M. Edon, après *talis fuit pater meus.*
172. p. 258. § 510.	.....On exprime *que* par *ut,* avec le subjonctif, et *que... ne... pas* par *ut non.*	p. 241. § 487.	.....on exprime *que* par *ut* avec le subjonctif, et par *ut non,* quand il y a une négation.
173. § 259. au haut.	M. Edon a ajouté l'exemple suivant. Son courage est tel, que la douleur ne peut l'abattre, *ejus fortitudo talis est, ut dolore frangi non possit.*	p. 241. § 487.	M. Deltour a ajouté l'exemple suivant : Telle était la constance des Romains que les plus grands désastres ne l'ont pas brisée, *ea fuit Romanorum constantia, ut eam maximæ clades non fregerint.*
174. p. 260. § 517.	..... s'exprime par *non secùs ac si..., perinde ac si.. , tanquam si..., quasi.*	p. 242. § 492.	..... s'exprime par *non secùs ac si..., perinde ac si..., tanquam si, quasi.*
175. p. 261. § 520.	..... *Autrement,* par *aliter.*	p. 243. § 495.	..... *autrement* par *aliter.*
176. p. 262. § 525. Rem.	*Les uns....., les autres,* quand il s'agit de deux groupes, deux armées, deux partis, deux peuples, etc., s'expriment fort bien par le pluriel *altéri..., alteri.* *Exemple :* Les uns combattent, les autres fuient, *Alteri dimicant, alteri fugiunt.*	p. 245. § 501.	*Alter* peut aussi s'employer au pluriel : c'est quand on parle de personnes ou de choses divisées en deux groupes distincts, comme deux peuples, deux armées, deux partis, etc. *Exemples :* Les uns fuyaient, les autres poursuivaient les fuyards, *alteri fugiebant, alteri fugientes urgebant.*

DELTOUR (AVANT LA 40ᵉ ÉDITION) | **Appréciations**

p. 236.   Néant.

Exemple calqué sur celui de M. Edon.
Ce paragraphe important, ajouté à Lhomond par M. Edon, lui a été emprunté par M. Deltour.
Remarquez que la disposition et souvent les termes mêmes ont été copiés ou imités par M. Deltour.

Ce passage copié presque mot à mot a été rejeté par M. Deltour comme par M. Edon, après l'exemple même, au lieu de le précéder (comme cela a lieu d'ordinaire).

p. 237.   .....devant *sum*, etc., *sim*, etc...
§ 455.   devant *esse* mis pour un *que retran-ché*.

Addition de *eram*, *essem*.
Modification de la dernière phrase d'après le livre de M. Edon.

p. 238.   Le paragraphe : *Quand tel peut se tourner par de cette sorte* est à la place où l'a mis Lhomond, à la fin des règles de *tel*.
§ 460.

Ces sortes de déplacements qui pourraient être fort nombreux dans une grammaire corrigeant Lhomond, sont assez rares dans le livre de M. Edon. Mais toutes les fois que M. Edon a déplacé une règle ou un exemple, M. Deltour l'a imité.

p. 238.   .....on exprime *que* par *ut*, avec le subjonctif.
§ 459.

M. Deltour a, comme M. Edon, voulu compléter Lhomond. Mais, comme cela lui arrive souvent, il a imité sans comprendre. M. Edon voulait empêcher les élèves d'employer *ne* après *is* ou *talis*; voilà pourquoi il a écrit : On exprime *que... ne... pas.* par *ut non*. En remplaçant les mots *ne... pas* de M. Edon par le mot *négation*, M. Deltour égare les écoliers. En effet, *ne... personne, ne... jamais*, etc., sont des négations, et dans ce cas on ne traduira pas par *ut non* mais par *ut nemo, ut nusquam*. (Emprunt fait sans discernement.)

p. 238.   Cet exemple manque.
§ 459.

Exemple ajouté d'après M. Edon. Il est dans le même ordre d'idées. *Constance,* courage; *briser,* abattre, en latin *frangere*.

p. 240.   S'exprime par non *secus ac...*, pe-rinde *ac...*, *tanquam*.
§ 465.
note 2.   On peut aussi employer *tanquam si, velut si*.

Sur ce point M. Deltour avait déjà corrigé en partie et complété Lhomond dans une note. Mais, après avoir lu le livre de M. Edon, il l'a copié mot à mot, laissant de côté son ancienne note.

p. 241.   Néant.
§ 267.

Copié.

p. 242.   *Alter, neuter, uterque*, quoiqu'ils note 1.   expriment l'idée de deux personnes, peuvent cependant s'employer au pluriel : c'est quand on parle de personnes ou de choses divisées en deux parties distinctes, comme deux peuples, deux armées, deux récoltes, etc. *Exemple* : Je vous ferai mon autre envoi d'argent, *Alteros nummos ad te mittam*.

Comparez l'ancienne note rédigée par M. Deltour avec son paragraphe nouveau. — Il a emprunté à M. Edon les mots *groupes, partis*; il a changé son exemple, et en a donné un nouveau qu'il a calqué sur celui de M. Edon. Comme toujours c'est le même ordre d'idées : *fuient* — fuyaient.

	ÉDON		DELTOUR (40ᵉ édition)

177. p. 263. § 526. 2°.
Si l'on ne parle que de deux, on emploie *alter, altera, alterum*.
Exemple : Tous les deux sont dignes d'éloges, l'un pour une raison, l'autre pour une autre, *uterque est laudabilis, alter alterâ de causâ.*

p. 245. § 503.
Si l'on ne parlait que de deux, on emploierait *alter, altera, alterum.....*
Exemples : Ces deux hommes se sont trouvés d'accord, l'un pour une raison, l'autre pour une autre, *Uterque consentit, alter alterâ de causâ.*

178. p. 264. fin du § 528.
Ou bien, en répétant *uterque, neuter : Uterque utrumque odit ; neuter neutrum amat.*

M. Édon indique ensuite §§ 529 et 530, avec développements, la locution *alter* répétée et la tournure par *inter nos, inter vos, inter se.*

p. 245. § 504.
On peut encore répéter *uterque* et *neuter.*
Exemples : Neuter neutrum amat; uterque utrumque odit.

M. Deltour indique ensuite, même paragraphe (page 246 au haut) d'une façon sommaire, la locution *alter* répétée et la tournure par *inter se...* — § 505 : *..... inter nos subveniamus.*

179. p. 267. note 1.
Après *quel... que.....* le Verbe se met au subjonctif, si la chose dont il s'agit n'est pas donnée comme réelle, mais comme une simple supposition.

p. 247. § 511.
Quel, quelle, suivis de *que...* veulent... le subjonctif s'il s'agit d'une simple supposition.

180. p. 266. § 538.
. . . .
perituri sumus.....
(Après *quel que, quel que soit celui qui, qui que ce soit qui,* on met le futur passé, quand l'autre Verbe est au futur.)

p. 248. § 512.
Perituri sumus. (Après *quel que, qui que ce soit qui,* etc.....
..... le verbe se met au futur passé quand le verbe principal est au futur).

181. p. 266. et 267. §§ 539 et 540.
(M. Edon a fait ici une modification : Lhomond avait d'abord donné le texte de deux règles, et réuni ensuite en un seul groupe les exemples se rapportant à ces deux règles. M. Édon a mis après chaque règle les exemples qui s'y rapportent.)

p. 248. §§ 513 et 514.
(M. Deltour a modifié Lhomond exactement comme l'avait fait M. Edon.

182. p. 267. § 541.
On l'exprime par *quamvis* ou *licèt* avec le subjonctif, ou par *quanquam* avec l'indicatif.
..... quamvis sit doctus ou *quanquam est doctus...*

p. 249. § 515.
On l'exprime par *quamvis* ou *licèt* avec le subjonctif, ou par *quanquam* avec l'indicatif.
... quamvis sit doctus...

183. p. 268. fin du § 543.
M. Edon a ajouté l'exemple suivant :
Nous croyons qu'il se repent...

p. 549. § 517.
M. Deltour a ajouté l'exemple suivant :
Nous sommes persuadés qu'il a honte de sa faute...

184. p. 268. § 547.
S'il y a un comparatif après *ce n'est pas que* ou après *mais c'est que,* on remplace *quòd* par *quò.*

p. 250. § 521.
Si un comparatif suit *ce n'est pas que, mais c'est que,* remplacez *quòd* par *quò.*

185. p. 271. § 555.
..... quand le verbe est neutre ou déponent...

p. 253. § 529.
..... quand le verbe est neutre ou déponent...

DELTOUR (AVANT LA 40ᵉ ÉDITION)	**Appréciations**
p. 242. §. 473. Néant.	Règle copié textuellement (sauf *on emploierait* au lieu de *on emploie*). Exemple imité (l'un pour une raison, l'autre pour une autre, *alter alterá de causá*). L'exemple donné par M. Edon est de Cicéron ; celui donné par M. Deltour n'en est que la contrefaçon.
p. 242. §. 474. Néant.	Passage copié. Même disposition, mêmes tournures, mêmes exemples. (Remarquez que l'ordre des exemples de M. Edon est interverti chez M. Deltour. N'est-ce pas afin de dissimuler l'emprunt ?)
Néant.	Pour justifier la présence ici de la tournure par *inter se*, M. Deltour dit qu'il a déjà indiqué cette tournure dans sa syntaxe des pronoms. Cette précaution même ne l'accuse-t-elle pas ? En tout cas, pourquoi ne s'est-il avisé de placer ici cette tournure que dans sa 40ᵉ édition ? D'ailleurs, au paragraphe suivant (505), il donne l'expression *inter nos*, dont il n'avait pas parlé dans la syntaxe, et qu'il a empruntée à M. Edon (§ 530).
p. 244. note 1. Après *quicunque*..... . . . . on met de préférence le subjonctif quand il y a incertitude.	*Incertitude*, disait l'ancienne note (note qui est bien de M. Deltour et non de Lhomond). *Simple supposition*, dit M. Edon, et, dans sa 40ᵉ édition, M. Deltour remplace *incertitude* par *simple supposition*.
p. 244. §. 482. . . . . *Perituri sumus.* (Le reste manque.)	Parenthèse explicative fort importante copiée presque mot à mot.
p. 245. §§ 483 et 484. Texte de Lhomond pur et simple.	Encore un remaniement de paragraphe dont M. Edon a eu l'idée et dont M. Deltour a fait son profit.
p. 246. §. 495. On l'exprime par *quantumvis.* ,.... *quantumvis sit doctus...* (Et en note). *Quantumvis* se trouve plus rarement que *licèt, quamvis* avec un adjectif : *Licet sit doctissimus.*	Voyez comme M. Deltour avait précédemment, dans une note, corrigé et la règle et l'exemple de Lhomond. — Dans sa 40ᵉ édition, il supprime tout ce qu'il avait ajouté à Lhomond et copie M. Edon mot à mot.
p. 246. §. 487. Cet exemple manque.	Encore un exemple imité (Même ordre d'idées : *Nous croyons, nous sommes persuadés.*)
p. 247. §. 491. S'il suit un comparatif, rendez *ce n'est pas que* par *non quò..., sed quò.*	La rédaction de Lhomond était incorrecte. M. Edon l'a modifiée. M. Deltour a copié M. Edon.
p. 250. §. 499. ..... quand le verbe est neutre, et souvent quand il est déponent.	Lhomond dit *souvent* ; M. Deltour maintient d'abord *souvent.* M. Edon supprime ce mot, et M. Deltour, dans sa 40ᵉ édition, le supprime aussi.

	ÉDON	**DELTOUR (40° édition)**
186. p. 272. et en Rem.	Lorsqu'on peut le tourner par *plaise à Dieu que*, *plût à Dieu que*..... ..... *puissé-je, fasse le Ciel que*...	p. 254. § 534. Lorsqu'on peut le tourner par *plaise à Dieu que, plût à Dieu, plût au Ciel que..., puissé-je, fasse le Ciel que...*
187. p. 272. § 560.	REMARQUE : *Plaise à Dieu, plût à Dieu que, puissé-je, fasse le Ciel que*, s'expriment aussi par *utinam ;* et si ces mots sont suivis de *ne pas*, par *utinam non* et mieux *utinam ne*, avec le subjonctif.	p. 255. note 1. Quand ces mots : *plaise à Dieu, plût à Dieu, plût au Ciel, puissé-je*, etc. sont suivis d'une négation, on les traduit par *utinam non* et mieux par *utinam ne*.
188. p. 273. § 564.	..... on l'exprime par *quin, nisi* ou *priusquam* avec le subjonctif. *Exemple :* Je ne partirai pas d'ici que je ne vous aie vu, *non hinc proficiscar, quin te viderim.*	p. 256. § 538. ..... on l'exprime par *quin, nisi* ou *priusquam*, avec le subjonctif. *Exemple :* Je ne partirai pas d'ici que je ne vous aie vu, *non hinc proficiscar, quin te viderim.*
189. p. 273. § 565.	Après *nisi* et *priusquam*, le Verbe suivant se met au futur passé, quand le Verbe qui précède est au futur. *Exemple : Non hinc proficiscar, nisi* ou *priusquam te videro.*	Avec *nisi* ou *priusquam* quand le premier verbe est au futur, le second doit se mettre au futur passé. *Exemple :* Je ne partirai pas d'ici que je ne vous aie vu, *non hinc proficiscar, nisi* ou *priusquam te videro.*
190. p. 274. en haut.	1° Après un *que* exclamatif, la négation française ne s'exprime pas en latin, quand on peut la supprimer en français sans changer le sens de la phrase..... . . . . 2° Mais on doit exprimer la négation, quand elle donne à la phrase un sens négatif. Exemple : Que de gens ne sont pas satisfaits de leur position ? *Quot homines suā sorte non sont contenti !*	p. 256. § 542. Après le *que* d'admiration, la négation française ne s'exprime pas en latin, quand on peut la supprimer sans altérer le sens de la phrase... . . . . Mais dans la phrase suivante on exprimera la négation. Que de personnes ne jouissent pas de leur prospérité *quam multi prosperis rebus non fruuntur !*
191. p. 274. § 569.	Peu (trop peu).	p. 257. § 544. Peu (trop peu).
192. p. 278. § 576. 2° rem.	Devant *rēfert, interest*, on emploie les mêmes Adverbes de quantité que devant un Verbe ordinaire. Cependant, à l'exception de *plus, le plus, moins, le moins, trop*, que l'on doit toujours exprimer par *magis, maximè minùs, minimè, nimis*, on peut encore se servir des Adverbes qui conviennent aux Verbes d'estime.	p. 261. § 554. Avec *rēfert, interest*, il importe, *plus, moins, le plus, le moins, trop*, s'expriment toujours par *magis, minùs, maximè, minimè, nimis*. Mais pour les autres adverbes, on peut se servir soit de la forme qui convient aux verbes ordinaires..., soit de celle qui convient aux verbes d'estime.....
193. p. 278. 3° rem.	..... devant *odisse* et *fugēre* (avoir de l'aversion pour)...	p. 362. § 554. ..... devant *odisse* et *fugere*, signifiant *avoir de l'aversion pour.*
194. p. 280. Titre.	Manière d'exprimer *que* après les Adverbes de quantité.	p. 262. titre. Manière d'exprimer *que* après les adverbes de quantité.

DELTOUR (AVANT LA 40ᵉ ÉDITION)	**Appréciations**
p. 252. ..... lorsqu'on peut le tourner par § 504. *plaise à Dieu que....*	Emprunt manifeste.
p. 252. Néant. § 504.	Copié, mais peu judicieusement. *Ne pas* (de M. Edon) est remplacé par *négation.* En voulant dissimuler l'emprunt, M. Deltour n'a pas été correct. Voy. un cas semblable n° **172**.
p. 253. ..... on l'exprime par *quin, nisi,* § 508. *priusquam,* avec le subjonctif. *Exemple :* Je ne partirai pas d'ici que je ne vous aie vu, *non hinc proficiscar quin* ou *nisi,* ou *priusquam te viderim.*	Encore un exemple de remaniement de paragraphe, dont M. Edon a eu l'idée et dont M. Deltour a fait son profit. M. Edon a dédoublé le paragraphe de Lhomond ; M. Deltour (40ᵉ édition) l'a dédoublé de la même façon. Voy. ci-après.
Néant.	M. Deltour a corrigé dans le second exemple *viderim* en *videro,* à l'exemple de M. Edon. Voir au n° **150** comme M. Deltour est en contradiction avec lui-même. La contrefaçon est flagrante. (Le même emprunt se retrouve p. 256, § 538.)
p. 253. Après un *que* d'admiration, la né- § 511. gation française ne s'exprime pas en 3°. latin.....	Copié littéralement (sauf *altérer* pour *changer*). Copié. L'exemple est, comme toujours, dans le même ordre d'idées.
p. 254. Trop peu. § 513.	En mettant *trop peu* dans son ancienne édition, M. Deltour avait corrigé Lhomond, qui a mis *peu.* Dans sa 40ᵉ édition, M. Deltour a copié M. Edon. — Même emploi de la parenthèse.
p. 258. Combien, peu, beaucoup, autant, § 524. assez, devant les verbes *refert, interest,* s'expriment par *quanti, parvi, magni, tanti, satis, magni.* (Et en note). On peut aussi employer *quantùm, plurimùm* et *magnopere tantùm, satis.*	Remarquez que, dans son ancienne édition, M. Deltour avait rédigé une note pour compléter Lhomond. Dans cette note il ne parlait pas des adverbes *plus, moins, le moins, trop.* Dans sa 40ᵉ édition il a comblé cette lacune en imitant M. Edon... (*convient, conviennent.*)
p. 258. ..... devant *odisse* et *fugere.* § 525.	Le sens de *fugere* ici était fort utile à expliquer. — M. Deltour a copié M. Edon.
p. 259. Néant.	Titre copié.

ÉDON	**DELTOUR (40e édition)**

195. p. 281. § 581.

Quand *autant* ou *aussi* est suivi de *que peu*, on l'exprime par deux mots de la manière suivante :

	Quàm parum	Tam multùm
DEVANT	Quàm parvus	Tam magnus
	Quàm pauci	Tam multi
	Quàm parvì	Tam magnì
	Quàm parvò	Tam magnò.

(METTEZ)

On ne se sert pas de *tantùm, tantus, tot, tanti, tantò*, parce que ces mots ne peuvent être suivis de *quàm*.

p. 263. § 560.

Quand après *autant, aussi, que* est suivi de *peu*, il s'exprime par *quàm* avec *parum, parvus, pauci, parvi, parvo*, suivant le mot. Alors *autant* s'exprime par *tam multùm, tam magnus, tam multi, tam magni, tam magno*, suivant le mot, parce que *quàm* doit être précédé de *tam*.

---

196. p. 284. § 588.

Quò superbior est.
On pourrait encore dire : *Hoc modestior est, quò doctior ;* ou *tantò modestior est, quantò doctior.*

p. 266. au haut.

Quò superbior est.
On dirait encore : *Hoc modestior est, quò doctior,* ou *tantò modestior est, quantò doctior.*

---

197. p. 284. Rem.

A proportion que, à mesure que se tournent...

p. 266. § 567.

A proportion que, à mesure que se tournent...

---

198. p. 285. § 591. 1° et 2°.

M. Édon a ajouté les deux exemples suivants :
Moins un homme est vicieux, moins il est malheureux..., *quò quis minùs est vitiosus, eò minùs miser est.*
. . . .
Moins on est vicieux moins on est malheureux, *ut quisque minimè vitiosus, ita minimè miser est.*

p. 266 et p. 267 § 569.

M. Deltour a ajouté les deux exemples suivants :
Moins un homme est vicieux, moins il est malheureux, *quò quis minùs vitiosus est, eo minùs miser.*
. . . .
Moins on est vicieux, moins on est malheureux, *ut quisque minimè vitiosus, ita minimè miser est.*

---

199. p. 287. § 597.
p. 288. § 599.

..... s'exprime par *dum, donec, quandiu* avec l'indicatif.
..... *quàm ut...* avec le subjonctif.

p. 270. § 580.
p. 270. § 582.

..... s'exprime par *dum, donec, quandiu* avec l'indicatif.
..... *quàm ut...* avec le subjonctif.

---

200. p. 290. note 1.

Pour qu'on puisse après *assez (pour)* employer *qui, quæ, quod,* au lieu de *ut* et d'un Pronom, il faut :
1° que le Pronom représente le sujet du premier Verbe ; 2° que le premier Verbe soit accompagné d'une négation ou d'une affirmation ; 3° que le mot *assez* soit exprimé par *tantus* ou *tantulus*, ou par *tam* suivi d'un adjectif.

p. 272. note 2. fin.

Pour que l'emploi du relatif soit possible, il faut donc que le pronom représente le sujet du premier verbe. De plus, il faut que le premier verbe soit accompagné d'une négation ou d'une interrogation, et que *tantus, tantulus* ou *tam* avec un adjectif traduise le mot *assez*.

DELTOUR (AVANT LA 40° ÉDITION)	**Appréciations**
p. 260. note 2. — Avec un verbe ordinaire, *autant, aussi que*, suivi de *peu* se traduisent par *tàm multùm, quàm minimè*.	Personne, avant M. Edon, n'avait rédigé cette règle avec autant de précision et de développements. M. Deltour a profité du travail de M. Edon. Mais, comme cela lui arrive souvent, il n'a pas bien compris la règle qu'il copiait. A lire le passage dans M. Deltour, on croirait qu'il s'agit d'apprendre aux élèves comment ils doivent exprimer *que* devant *peu*. (Or M. Deltour a déjà enseigné, § 548, que devant un adjectif ou un adverbe *que* s'exprime par *quàm*). Ce qu'il fallait exposer ici, c'est comment on exprime *autant, aussi* devant *que peu*. La dernière phrase de M. Edon, également copiée par M. Deltour, a été retournée par lui pour dissimuler l'emprunt. Mais il n'a pas vu où l'entraînait ce changement. « *Autant* s'exprime, dit-il, par *tàm multùm...*, parce que *quàm* doit être précédé de *tam.* » Présentée ainsi, d'une manière aussi absolue, cette explication est fausse, puisque *quàm* peut être précédé d'un comparatif. — Ces erreurs, si faciles à éviter, ne prouvent-elles pas d'une manière évidente que tout ce passage n'est qu'une contrefaçon ?
p. 262. § 537. — *Quò superbior est.* (Et c'est tout !)	Même disposition ; mêmes exemples.
p. 263. § 539. — *A proportion que* se tourne...	Addition empruntée.
p. 263 et 264. — Néant.	Copié (suppression du dernier mot *est*, pour dissimuler, probablement). Copié.
p. 267. § 552. — ..... s'exprime par *dum, donec, donec, quamdiu.* p. 267. § 554. — ..... *quàm ut.*	Ces deux additions n'ont d'autre importance que de montrer que rien n'échappait à M. Deltour de ce qui pouvait compléter et améliorer son livre. Il lisait M. Edon la plume à la main.
p. 269. — Néant.	Passage fort important que M. Edon s'était appliqué, vu sa complication, à présenter d'une manière très méthodique. Sauf la suppression des n°° 1°, 2°, 3°, on peut voir que M. Deltour a pleinement mis à profit le travail de M. Edon. A part quelques déplacements de mots, c'est textuellement copié.

	ÉDON	**DELTOUR (40° édition)**
201. p. 290. § 606. p. 291. fin du § 607. p. 291. § 608.	et *pour* par *ut* avec le subjonctif. ... *quàm ut te vituperem* ou *quàm qui le vituperem*. ... par *quàm ut* avec le subjonctif... *quàm ut rem gerat* ou *quàm qui rem gerat*.............................. *quàm ut vinceret* ou *quàm qui vinceret*..............................	p. 272. § 589. p. 273. fin du § 590. p. 273. § 591.	et *que* par *ut* avec le subjonctif. ... *quàm ut te vituperem* ou *quàm qui*.............................. ... par *quàm ut* avec le subjonctif. *quàm ut rem gerat* ou *quàm qui*.... *quàm ut* ou *quàm qui vinceret*.
202. p. 292. § 613.	Quand *plutôt que* ne marque pas la préférence on l'exprime......... ... par *veriùs quàm, magis quàm*.. Exemples : Ce sont des brigands plutôt que des ennemis ; *tournez*, plus véritablement que des ennemis, *latrones veriùs quàm hostes sunt*.	p. 274. note 2, fin.	Plutôt signifiant *plus que*, plus véritablement que, se traduit par *magis quàm, veriùs quàm*. *Exemple :* C'est un orateur plutôt qu'un poète, *orator magis* ou *veriùs quàm poeta*.
203. p. 293. § 615.	M. Edon a introduit ici un nouveau paragraphe : *De*, entre un nom et le parfait de l'infinitif, se rend en latin par le génitif du participe passé ; et le nom, régime de l'infinitif français, s'accorde avec le participe en genre, en nombre et en cas. Exemple : L'honneur d'avoir sauvé la patrie, *decus patriæ servatæ*.	p. 275. § 599.	M. Deltour a introduit ici un nouveau paragraphe : *De*, entre un nom et le parfait de l'infinitif se tourne par le génitif du participe passé passif avec lequel on fait accorder le nom régime de l'infinitif français. Exemples : .... L'honneur d'avoir remporté la victoire, *laus relatæ victoriæ*.
204. p. 294. au haut.	Il tremblait de crainte d'être surpris, *contremiscebat timore ne deprehenderetur*... M. Edon a ajouté l'exemple suivant : Le père fut puni pour son fils, *filii loco pater pœnas dedit*.	p. 276. § 600. p. 278. § 610.	Il tremblait de crainte d'être surpris, *contremiscebat metu ne deprehenderetur*. M. Deltour a ajouté l'exemple suivant : Je répondrai pour lui, *ejus loco respondebo*.
205. p. 296. § 629.	REMARQUE : On se sert de *pro* avec l'ablatif dans les phrases suivantes : Mourir pour la patrie, pour la liberté, *pro patriâ, pro libertate mori*.	p. 278. note 2.	... *Pro* avec l'ablatif. Cette tournure est toujours usitée dans les phrases suivantes : Combattre pour la patrie, *dimicare pro patriâ* ; mourir pour l'indépendance, *mori pro libertate*.
206. p. 298. § 639.	*Pour peu que* se tourne par *si même très peu*, et l'on exprime *très peu* de différentes manières, selon le mot auquel il se rapporte.........	p. 280. § 622.	*Pour peu que* se tourne suivant les mots qui y sont joints............. ....
207. p. 300. § 645.	... *Non proficiscar priusquam tibi valedixero*. (Sur le mode et le temps qu'il convient d'employer après *priusquam*, voy. § 655 et suivants.)	p. 281. § 627.	... *non proficiscar priusquam tibi valedixero*. (Voir plus bas *avant* suivi d'un infinitif, § 632, 633.)

DELTOUR (AVANT LA 40ᵉ ÉDITION) | **Appréciations**

DELTOUR (AVANT LA 40ᵉ ÉDITION)	Appréciations
p. 269. *et que par ut.* § 561. p. 269. *... quàm ut te vituperem.* fin du § 562. p. 270. *... par quàm ut.* § 563. *quàm ut rem gerat.* *quàm ut vinceret.*	Cinq additions, peu importantes, il est vrai. Mais, ainsi rapprochées, elles sont des plus significatives.
p. 271. Néant.	Emprunt manifeste.
	Exemple imité. C'est le premier, dans ce cas, qui appartienne à un autre ordre d'idées que celui de M. Edon. Il faut cependant remarquer que l'exemple de M. Edon cité ici est, dans sa grammaire, précédé d'un autre exemple où il est parlé *d'orateurs.*
p. 272. **Ce paragraphe manque ici.** M. Deltour avait dit page 244, note 2 : Quand *de* est accompagné du parfait de l'infinitif, on tourne souvent par le participe passé passif. *Exemple :* Le soupçon d'avoir négligé son devoir, *suspicio neglecti officii.*	Cette règle se rencontre dans bien d'autres grammaires, M. Villemeureux avait dit avant M. Deltour : « Quand *de* est placé devant le parfait de l'infinitif. on tourne par le participe passé passif : Le soupçon d'avoir tué Cicéron, *suspicio oppressi Ciceronis,* » et il avait reconnu que cet exemple appartient à M. Dutrey). (Voy. Villemeureux, p. 411 et 204 en note.) M. Edon a donné à cette règle tous les développements qu'elle réclame, et M. Deltour s'est empressé de copier M. Edon. Remarquez l'exemple nouveau de M. Deltour. Il est dans le même ordre d'idées que celui de M. Édon. (*L'honneur, l'honneur.*)
p. 272. Il tremblait de crainte d'être sur- § 571. pris, *contremiscebat ne deprehendere- tur.* p. 275. M. Deltour avait ajouté dans son note 1. ancienne édition : Quand il s'agit d'une personne, on met *in* et l'accusatif. *Exemple :* Je suis venu pour lui, *in ejus locum veni.*	M. Édon avait ajouté à Lhomond *timore :* M. Deltour a ajouté *metu* dans sa 40ᵉ édition. M. Deltour avait ajouté une erreur dans les notes de son ancienne édition. Il l'a corrigée d'après M. Edon dans sa 40ᵉ édition.
p. 275. Néant.	Addition de M. Edon empruntée par M. Deltour, et présentée à peu près dans les mêmes termes.
p. 277. *Pour peu que se tourne par si peu § 592. que, et s'exprime par si vel mini- màm.* et On peut dire aussi : *Si vel paulu- en note. làm, si paulùm modò, si tantillàm, si aliquantulàm.*	La règle de Lhomond était extrêmement insuffisante. M. Deltour y avait ajouté deux lignes dans son ancienne édition, sans avoir réussi à l'améliorer. Sa règle nouvelle, bien que moins précise que celle de M. Edon, part du même principe. — Emprunt manifeste.
p. 278. *... Non proficiscar priusquàm tibi § 597. valedixerim.*	Changement de la plus grande importance, comme au nᵒ **189.** Voir ce qu'on en doit penser au nᵒ **150** de cette brochure.

	ÉDON		DELTOUR (40° édition)
208.	p. 299. § 642.	Si *pour*, signifiant *eu égard à* est précédé de *trop*, on le rend par *quàm pro* avec l'ablatif, et *trop* s'exprime par le comparatif..... trop pour son âge, *magis quàm pro ætate*..., trop peu pour son âge, *minùs quam pro ætate*.	p. 281. note 1.	*Trop pour* se traduirait par le comparatif ou par *magis*, avec *quàm pro*; *trop peu pour*, par *minùs*, avec *quàm pro*.
209.	p. 302. § 657. § 656.	(Après *antequam, priusquam*), le parfait de l'infinitif français se traduit par un temps du subjonctif latin, quand l'action qu'il exprime n'a pas eu lieu, ou ne doit pas avoir lieu, ou bien encore quand l'accomplissement en est incertain. Le parfait de l'infinitif français se traduit par un temps de l'indicatif latin, quand l'action qu'il exprime a eu lieu ou doit avoir lieu d'une manière certaine.	p. 283. § 633.	*Avant*, suivi du parfait de l'infinitif, se tourne aussi par *avant que*; mais on n'emploie le subjonctif que si l'action est incertaine, ou si elle n'a pas eu lieu ou ne doit pas avoir lieu. Mais si l'action a eu lieu ou doit certainement avoir lieu, on emploie un temps de l'indicatif.
210.	p. 303. § 659.	*Au lieu de* suivi d'un infinitif... On le tourne par *quoique je doive, quoique tu doives*..., *quoique je dusse, quoique tu dusses*, etc. ... quoiqu'il doive lire, *quum legere debeat, ludit*.	p. 284. § 635.	On tourne *au lieu de*, suivi d'un infinitif, par *quoique je doive, quoique tu doives, quoique je dusse*, etc. ..... quoiqu'il doive lire, *quum legere debeat, ludit*.
211.	p. 303. § 660.	On le tourne par *quoique je puisse, quoique tu puisses*..., *quoique je pusse, quoique tu pusses*..., etc... ... quoiqu'il puisse jouer, *quum possit ludere, legit*.	p. 284. § 336.	On tourne *au lieu de*... par *quoique je puisse, quoiqu'il pût*, etc. ... quoiqu'il puisse jouer, *quum possit ludere, legit*.
212.	p. 304. § 661.	... et le second verbe se met au subjonctif en latin. ... *lege, ne autem nugeris*.	p. 284. § 636.	... et le second verbe se met au subjonctif en latin. ... *lege, ne autem nugeris*.
213.	p. 305. § 666.	Quand *si ne, si... ne pas* peut se tourner par *à moins que*, on le traduit par *nisi*.	p. 286. § 645.	Quand *si* est suivi de *ne* ou *ne pas*, on le traduit par *nisi* avec le subjonctif.
214.	p. 306. § 671.	Si je suis venu, c'est pour vous avertir; *tournez*, je suis venu pour cette raison, afin que je vous avertisse, *idcircò veni, ut te monerem*.	p. 287. § 648.	Si je suis venu, c'est pour vous servir, *tournez* : je suis venu pour cette raison, afin que je vous servisse, *ideò veni ut tibi prodessem*.
215.	p. 309. § 682.	... Ont souvent le sens de *peu s'en faut que*. Il a pensé tomber est l'équivalent de : *Peu s'en est fallu qu'il ne tombât*.	p. 290. § 660.	... sont la même chose que *peu s'en faut*. Il a pensé tomber, *c'est-à-dire* peu s'en est fallu qu'il ne tombât.

DELTOUR (AVANT LA 40ᵉ ÉDITION)	**Appréciations**
p. 277. Néant.	Emprunt manifeste.
p. 280. Néant.	Les règles d'*antequam* ou *priusquam* ont été, de la part de M. Edon, l'objet d'un travail tout particulier. Nulle part ces règles n'ont été exposées d'une façon aussi précise et aussi complète. Partout ailleurs elles sont ou incomplètes ou indécises. M. Edon a fait bien des recherches pour affirmer la théorie qu'il a présentée à ce sujet dans sa grammaire. M. Deltour a fait son profit du travail de M. Edon. (Nous avons démontré au n° **150** de cette brochure, que M. Deltour quand il rédigeait le § 387 de sa nouvelle édition ne savait pas la règle de *priusquam*.)
p. 280. § 604. On tourne *au lieu de*, suivi d'un infinitif, par *lorsque je devrais, tu devrais, il devrait*... ... Lorsqu'il devrait lire, *quum legere deberet, ludit*.	Solécisme
p. 280. § 605. On tourne *au lieu de*, suivi d'un infinitif, par *lorsque je pourrais, tu pourrais, il pourrait*............. ... Lorsqu'il pourrait jouer, *quum posset ludere, legit*.	Autre solécisme

corrigés dans la 40ᵉ édition de M. Deltour. — M. Edon y est copié mot à mot.

p. 281. § 606. ... Et le second verbe se met à l'impératif ou au subjonctif en latin. ... *Ne autem nugare* ou *nugeris*.	Correction de la 40ᵉ édition d'après la grammaire de M. Edon.
p. 283. § 614. Quand *si* est suivi de *ne* seulement, on le traduit par *nisi* avec le subjonctif.	Dans son ancienne édition M. Deltour n'avait pas même en note corrigé Lhomond. Les mots NE *seulement* sont remplacés dans sa 40ᵉ édition par NE ou NE PAS, — toujours d'après M. Edon.
p. 283. Néant.	Exemple copié mot à mot (sauf *avertir* remplaçant *servir*) ; tournure copiée textuellement ; traduction latine semblable (sauf *ideò* pour *idcircò*).
p. 286. § 627. ...Sont la même chose que *peu s'en faut* : Il a pensé tomber.	La dernière phrase est presque textuellement copiée (c'est-à-dire pour : *est l'équivalent de*).

ÉDON | **DELTOUR (40ᵉ édition)**

216. p. 307. § 675.
On peut encore se servir de la locution *in eo esse, est, erat, fuit...,* avec *ut* et le subjonctif............

......:..................

Exemple : La ville doit *ou* va être pillée, *in eo est ut oppidum diripiatur.*

p. 312. § 696. 2°
Miltiade était sur le point de prendre la ville... *In eo erat ou prope erat ut Miltiades oppido potiretur.*

---

p. 293, au haut.
On tourne par *in eo esse ut,* employé impersonnellement, ou par *prope esse ut* avec le subjonctif.

Exemples :.................

La ville était sur le point d'être prise, *in eo erat ut oppidum caperetur.* L'aile gauche était sur le point d'être enfoncée, *jam prope erat ut sinistrum cornu pelleretur.*

(Au bas, note 1, M. Deltour ajoute : On peut sous-entendre avec *in eo esse* le mot *res* qu'on trouve souvent exprimé au singulier ou au pluriel. *Quum res non in eo esset ut Cyprum tentaret.* (T. Live, XXXIII, 41.. *Non in eo res sunt nostræ ut...* (*Id.,* VII, 35.)

---

217. p. 312. § 698.
Par *memento..., mementote...,* avec l'infinitif.
... *memento illum monere.*

p. 293. § 672.
Par *memento, mementote...* avec l'infinitif.
... *memento illum monere.*

---

218. p. 313. § 702.
Se mettre à... s'exprime en latin par *incipere, incipio, incepi,* ou par *cœpisse, cœpi.*

p. 294. § 676.
Se mettre à... s'exprime en latin par *incipit* pour le présent de l'indicatif, et *cœpit* pour le parfait.

---

219. p. 315. 3°
Quand il signifie *pouvoir,* on l'exprime par *posse.*
Exemples...... Il sait se passer de plaisirs, *potest voluptatibus carere,* où, en tournant par l'adverbe *facilement, voluptatibus facilè caret.* (Il se passe de plaisirs facilement.)

p. 295. § 681.
Quand il a le sens de *pouvoir,* il s'exprime par *posse.*
Exemple : Le sage sait se passer de richesses, *sapiens divitiis carere potest* ou *facilè divitiis caret.*

DELTOUR (AVANT LA 40ᵉ ÉDITION)   **Appréciations**

p. 289.   ... (On dit encore *in eo erat ut*
§ 637.   *oppido potiretur.*)

Cette tournure, fort employée dans notre latin de collège, était considérée comme *personnelle*. M. Edon est le premier qui l'ait présentée comme *impersonnelle*. Un grand nombre de ses collègues lui ont demandé des éclaircissements à ce sujet. M. Edon croit pouvoir affirmer que, si aujourd'hui cette particularité est généralement connue, ce résultat est dû à la publication de son livre.

M. Deltour, sur ce point comme sur tant d'autres, a copié le travail de M. Edon.

Pour déguiser un emprunt manifeste, il a voulu paraître avoir étudié lui aussi cette question, et même avoir ajouté à ce qu'on connaît maintenant sur l'expression *esse ut...*

A lire la note qu'il a placée au bas de la page 293 de sa 40ᵉ édition, on peut croire au premier abord qu'il a fait lui aussi ses petites découvertes. Mais si on se reporte aux passages de Tite Live qu'il cite, que trouve-t-on ? Un contre-sens énorme et une altération du texte. En voici la preuve :

1° *Collectis reliquiis, quum res non in eo esset ut Cyprum tentaret, minùs opulento agmine, quàm profectus erat, Seleuciam rediit*, lorsqu'il eut rassemblé les débris du naufrage, ne se trouvant plus en état de faire (m. à. m. comme ses affaires n'étaient pas dans un état tel qu'il pût faire) une tentative sur Chypre, il retourna à Séleucie avec une suite moins brillante que celle qu'il avait emmenée à son départ. — Qu'a de commun cette proposition *quum res in eo esset* avec la locution *in eo esse ut*, être sur le point de..?

2° *In eo enim* LOCO *sunt res nostræ* (et non pas *non in eo res sunt nostræ*) *ut vobis ego magis necessitatis vestræ index, quàm consilii auctor sim*, Tel est l'état de nos affaires, notre situation est telle que je vous montre plutôt...

p. 289.   Par... memento..., *mementote.*
§ 638.   ... *memento ut illum moneas.*

M. Deltour avait maintenu la tournure de Lhomond (*ut* et le subjonctif). M. Edon a corrigé : il a mis l'infinitif. M. Deltour, dans sa dernière édition, a mis l'infinitif.

p. 290.   *Se mettre à...* s'exprime en latin
§ 643.   par *cœpisse, cœpi.*

L'idée de mettre *incipère, incipio* dans certaines circonstances, a été empruntée à M. Edon, comme on peut le voir facilement.

p. 291.   Néant.
§ 646.

Règle empruntée à M. Edon.

L'exemple comme toujours est imité avec changements, pour masquer l'emprunt. Il est comme d'ordinaire dans le même ordre d'idées que celui de M. Edon (*sait se passer... sait se passer*).

CONCLUSION

Nous nous bornons aux rapprochements qu'on vient de lire, bien que la matière soit loin d'être épuisée.

Ces quelques pages suffiront amplement à éclairer la religion de nos collègues.

S'ils n'ont pas à se prononcer sur la question de préjudice matériel que nous réservons, ils sont mieux que personne à même d'apprécier le préjudice moral qui nous est porté.

Georges ÉDON.

SAINT-CLOUD. — IMPRIMERIE DE Mme V^e EUG. BELIN.